Diseño y administración de bases de datos

Alberto Abelló
Emma Rollón
M. Elena Rodríguez

UPC **Edicions UPC**
UNIVERSITAT POLITÈCNICA DE CATALUNYA

Material elaborado para los Estudios de Segundo Ciclo
d'Enginyeria en Organització Industrial de l'ETSEIAT, de la UPC

Primera edición: junio de 2006
Reimpresión: diciembre de 2009

Diseño de la cubierta: Ernest Castelltort

Producción: LIGHTNING SOURCE

Depósito legal: B-32374-2006
ISBN: 978-84-8301-860-6

Índice

Diseño y Administración de Bases de Datos

(Ingeniería en Informática)

Alberto Abelló, Emma Rollón y Elena Rodríguez
Facultat d'Informàtica de Barcelona
Universitat Politècnica de Catalunya

Introducción

Introducción

Objetivos

- Entender el vocabulario básico
- Distinguir los subsistemas de una empresa
- Conocer el ciclo de vida de un SI
- Conocer las etapas de diseño de una BD
- Entender la diferencia entre:
    - Modelo de Datos
    - Modelo de Base de Datos
- Reflexionar sobre alternativas de diseño

Definiciones (I)

- Información: Oración
    - Sujeto + verbo + predicado
- Datos: Representación de una oración
- BD: Conjunto de datos
- Sistema: Conjunto organizado de elementos para alcanzar un objetivo
- SGBD: Sistema de Gestión de Bases de Datos
    - Ex: Oracle, IFX, SQL Server, DB2, PostgreSQL
- Empresa: Sistema para hacer dinero

Definiciones (II)

- Producción: <u>Realización de actividades</u> que constituyen el objetivo de la empresa

- Decisión: <u>Planificación</u>, <u>Coordinación</u> y <u>Control</u> de las actividades de producción

- Información: <u>Recoge</u> (*input*), <u>Almacena</u> (*save*), <u>Procesa</u> (*run*) y <u>Distribuye</u> (*output*) toda la información **relevante y necesaria** para los otros subsistemas

Junio de 2006　　　　　Alberto Abelló　　　　　5

Definiciones (III)

Producción ⟺ Decisión

Información

Bases de datos

Junio de 2006　　　　　Alberto Abelló　　　　　6

Ciclo de vida de un SI

1. **Definición: Qué quiero hacer**
   1. Estudio de oportunidades
   2. Análisis de requerimientos
2. **Diseño: Cómo lo haré**
   1. Lógico (independiente de las herramientas)
   2. Físico (dependiente de las herramientas)
3. **Construcción: Codificación**
4. **Ejecución:**
   1. Pruebas
   2. Puesta en servicio
5. **Mantenimiento**
   1. Reparar programas
   2. Posibilidad de nuevas funcionalidades

Diseño de la BD de un SI

- **Parte estática:**
  - **Esquema conceptual**
    - *Intra*-objetos
      - Clases
      - Atributos
    - *Inter*-objetos
      - *Inter*-relaciones (*relationships*)
  - **Restricciones de integridad**
- **Parte dinámica (aspectos que cambian con el tiempo):**
  - Casos de uso
  - Modelo de comportamiento
  - Diagramas de estado

Etapas de diseño de BD<u>R</u> <u>operacionales</u> (I)

□ **Obligatorias**

1. Captura y abstracción de los requerimientos del usuario (estudio de oportunidades y especificación con papel y lápiz)
2. Diseño conceptual: Elaboración de un Esquema Conceptual (EC) con un modelo semántico de datos (UML)
3. Diseño lógico: Transformación del EC en un Esquema Lógico (EL) en modelo relacional clásico (SQL estándar)
4. Aplicar la teoría de la normalización
5. Diseño físico: Acomodar el EL al SGBD<u>R</u> de que disponemos (Oracle en nuestro caso)

Introducción

Etapas de diseño de BD<u>R</u> <u>operacionales</u> (II)

□ **Opcionales**

6. Cuantificación de volúmenes de datos y frecuencias de procesos críticos
7. Consideraciones sobre:
   - Tiempo de respuesta
   - Seguridad
   - Concurrencia
   - Recuperación
8. *Tuning* (estructuras físicas y parámetros del sistema)
9. Control de rendimientos (monitores y plan de consultas)
10. Informe del diseñador al ABD

Introducción

Modelos de datos

- Modelos (semánticos) de datos
    - Abrial (1974)
    - Entity-Relationship (Chen, 1976)
    - Extended ER (Smith&Smith, 1977)
    - RM/T (Codd, 79)
    - Unified Modeling Languaje (1.0, 1997)
- Modelos de bases de datos (tipos de SGBD)
    - Prerelacional (jerárquico y en red)
    - Relacional (Codd, 69-70)
        - SQL'86/89
        - SQL'92
    - Postrelacional
        - Objetos Puros (ODMG v3)
        - Object-Relational
            - SQL'99
            - SQL'03
- Modelos físicos (SGBD concretos)

Elección de un modelo de datos

- Modelo conceptual más "fino" que el modelo físico

- Tener en cuenta la frustración
    - Económica
    - Psicológica

- Esquema conceptual validable por el usuario

Mecanización del diseño

□ Automático (algoritmos de normalización)
- Análisis
- Síntesis

□ Manual (a partir de un modelo semántico)

Diseño por procesos o datos

□ ~~*Process driven* (dirigido por procesos)~~

□ *Data driven* (dirigido por los datos)

Tipos de diseño según la empresa

□ **Empresa nueva (o no informatizada)**
  - Pequeña
  - Grande

□ **Empresa prexistente**
  - Integración de departamentos
  - Fusión/Absorción de empresas

Tipos de heterogeneidades

□ **Sistema**
  - Diferentes SGBD del mismo modelo
  - Diferentes modelos de BD (*wrapper*)

□ **Semánticas (relativismo semántico)**

a) Empleados (<u>nombre</u>, cónyuge)

b) Matrimonios (<u>marido, mujer</u>)

c) Hombres (<u>nombre</u>, mujer)
Mujeres (<u>nombre</u>, marido)

Diapositiva resumen

❏ Definiciones

❏ Ciclo de vida de un SI

❏ Diseño de la BD de un SI

❏ Modelos de datos

❏ Tipos de heterogeneidades

Bibliografía

❏ Jaume Sistac y otros. *Bases de dades*, EDIUOC, 2000.

❏ Jaume Sistac y otros. *Disseny de bases de dades*. Editorial UOC, 2002. Col·lecció Manuals, número 43.

❏ P. Gulutzan y T. Pelzer. *SQL-99 Complete, really*. R&D Books, 1999.

❏ R. G. G. Cattell y otros. *The Object Data Standard: ODMG 3.0*. Morgan Kaufmann Publishers, 2000.

Traducción

a

modelo relacional

Objetivos

- Conocer las traducciones a modelo relacional de las diferentes interrelaciones

- Conocer los problemas asociados al valor nulo

- Valorar las diferentes alternativas de traducción según su coste

Representación conceptual

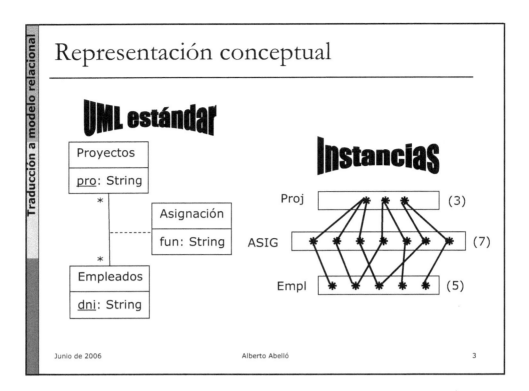

Representación lógica

□ Larga
CREATE TABLE Proyectos (pro CHAR(25), …);
CREATE TABLE Empleados (dni CHAR(9), …);
CREATE TABLE Asignaciones (…);

□ Abreviada
Proyectos(pro,…)

Asignaciones(dni,pro,función)

Empleados(dni, …)

¡¡¡SIN OID!!!

```
SELECT *
FROM R
WHERE A=10 OR A<>10;
```

Valores nulos

- Dos significados
- Razones para su uso:
  - Inserción de una tupla con un valor desconocido
  - Añadido de un nuevo atributo a una relación no vacía
  - Tratamiento especial de las agregaciones
  - Evitar excepciones en las agregaciones con valores no conocidos
- Representación:
  - Diferente de cualquier valor no nulo

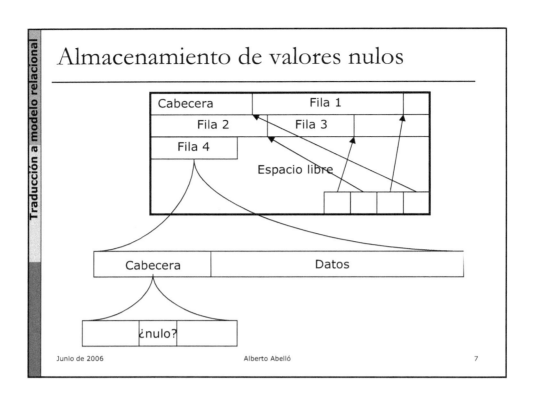

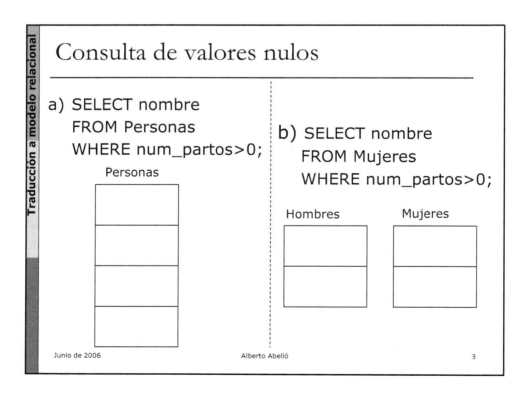

Lógica ternaria para valores nulos

NULL θ X   -> UNKNOWN
NULL=NULL -> UNKNOWN

NOT	
TRUE	F
UNKNOWN	U
FALSE	T

AND	T	U	F
TRUE	T	U	F
UNKNOWN	U	U	F
FALSE	F	F	F

OR	T	U	F
TRUE	T	T	T
UNKNOWN	T	U	U
FALSE	T	U	F

Ejemplos de consultas con nulos (I)

SELECT COUNT(*) FROM T;

vs

SELECT COUNT(a) FROM T;

SELECT a+1 FROM T;

Ejemplos de consultas con nulos (II)

SELECT AVG(a) FROM T;

vs

SELECT SUM(a)/COUNT(*) FROM T;

SELECT AVG(a) FROM T; (tabla vacía/todo nulos)

vs

SELECT SUM(a)/COUNT(*) FROM T; (tabla vacía/todo nulos)

Ejemplos de consultas con nulos (III)

SELECT id FROM T WHERE a IS NULL;

vs

SELECT id FROM T WHERE a=NULL;

Ejemplos de consultas con nulos (IV)

```
SELECT id
FROM R
WHERE a NOT IN (SELECT a FROM S);

vs

SELECT id
FROM R
WHERE NOT EXISTS (    SELECT *
                      FROM S
                      WHERE R.a=S.a);
```

Operaciones algebraicas con valores nulos

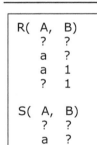

```
R(  A,  B)
    ?   ?
    a   ?
    a   1
    ?   1

S(  A,  B)
    ?   ?
    a   ?
    a   1

T(  A,  B,  C)
    ?   ?   z
    a   ?   y
    ?   1   x
    a   ?   w
    ?   1   v
```

```
RUS  (A,  B)
     ?    ?
     a    ?
     a    1
     ?    1
```

```
R∩S  (A,  B)
     ?    ?
     a    ?
     a    1
```

```
R-S  (A,  B)
     ?    1
```

```
T[A,B]   (A,  B)
         ?    ?
         a    ?
         ?    1
```

```
T[A]  (A)
      ?
      a
```

R(B=B)T	(A,	B,	A',	B',	C)
	a	1	?	1	x
	?	1	?	1	x
	a	1	?	1	v
	?	1	?	1	v

Multiplicidades

□ ¿Qué debemos preguntarnos?

1. Cada uno, ¿cuántos como máximo?
2. ¿Pueden existir ceros (**posible** no participación de una instancia en la interrelación)?
3. Si existen ceros, ¿generan valores nulos?

□ Tipologías binarias:

- *-*
- 1-*
- 1-1

Asociaciones binarias (*-*)

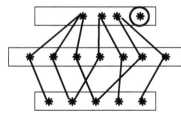

Proyectos

Asignación
función

Empleados

Proyectos(pro,…)

Asig(dni,pro,función)

Empleados(dni, …)

¡¡¡Siempre tres tablas!!!

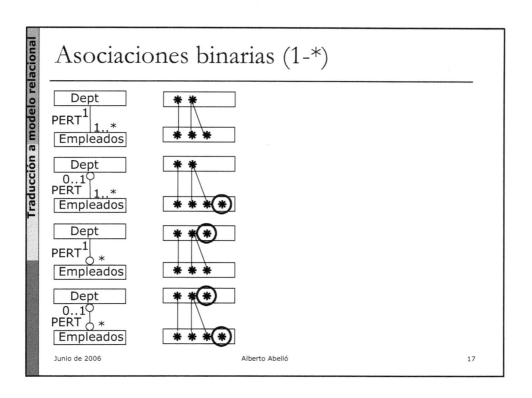

Asociaciones binarias (1-*)

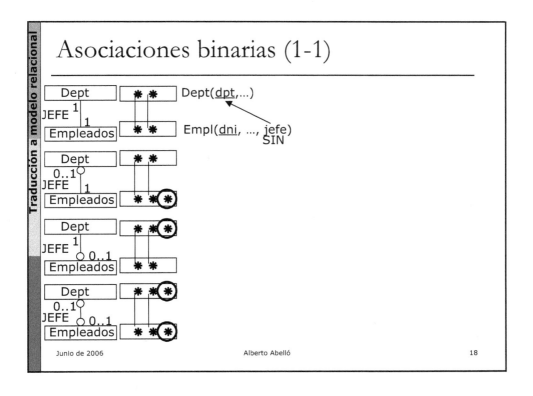

Asociaciones binarias (1-1)

Dept(dpt,...)

Empl(dni, ..., jefe) SIN

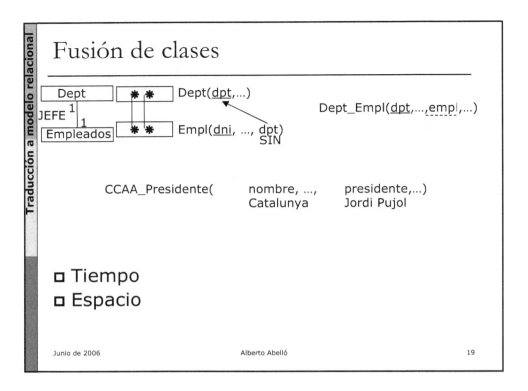

Fusión de clases

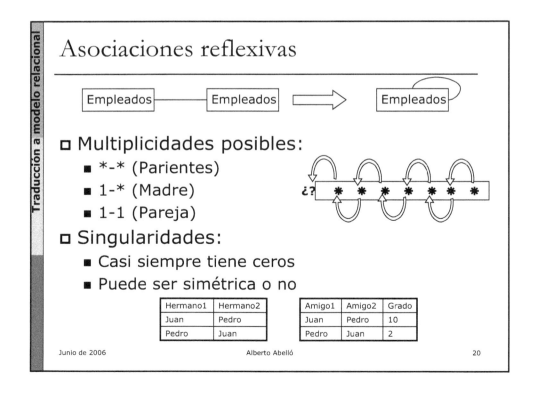

Asociaciones reflexivas

□ **Multiplicidades posibles:**
- ■ *-* (Parientes)
- ■ 1-* (Madre)
- ■ 1-1 (Pareja)

□ **Singularidades:**
- ■ Casi siempre tiene ceros
- ■ Puede ser simétrica o no

Hermano1	Hermano2
Juan	Pedro
Pedro	Juan

Amigo1	Amigo2	Grado
Juan	Pedro	10
Pedro	Juan	2

Multiplicidades reflexivas

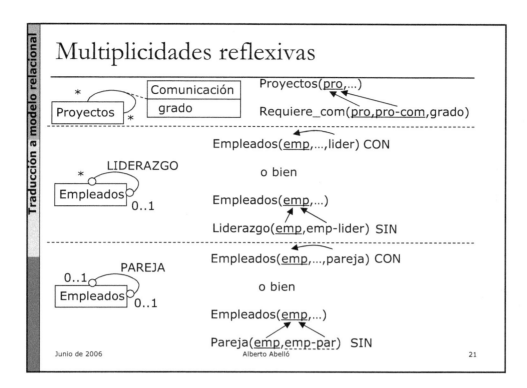

Proyectos(pro,...)

Requiere_com(pro,pro-com,grado)

Empleados(emp,...,lider) CON

o bien

Empleados(emp,...)

Liderazgo(emp,emp-lider) SIN

Empleados(emp,...,pareja) CON

o bien

Empleados(emp,...)

Pareja(emp,emp-par) SIN

Junio de 2006 — Alberto Abelló — 21

Asociaciones reflexivas simétricas (I)

```
CREATE VIEW vparejas AS
    SELECT emp1, emp2 FROM parejas
    UNION
    SELECT emp2, emp1 FROM parejas;


CREATE OR REPLACE TRIGGER tparejas BEFORE INSERT ON parejas FOR EACH ROW
DECLARE
    conta INT;
BEGIN
    SELECT COUNT(*) INTO conta FROM parejas WHERE emp1=:new.emp2 AND emp2=:new.emp1;
    IF (conta=1) THEN --Ya estan emparejados. Dar error
        RAISE_APPLICATION_ERROR (-20001,'Esta pareja ya existe');
    END IF;
END;


GRANT INSERT, UPDATE, DELETE ON parejas TO public;
GRANT SELECT ON vparejas TO public;
```

Junio de 2006 — Alberto Abelló — 22

Asociaciones reflexivas simétricas (II)

```
CREATE OR REPLACE TRIGGER tparejas AFTER INSERT ON parejas
FOR EACH ROW
BEGIN
    INSERT INTO PAREJAS VALUES (:new.emp2,:new.emp1);
END;
```

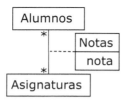

Asociaciones ternarias (*-*-*)

Cuatrimestres

Cursar
nota

Alumnos

Asignaturas

Alumnos(al, ...)

Cuatrimestres(qua, ...)

Asignaturas(asig, ...)

Cursar(al, qua, asig, nota)

¡¡¡Siempre cuatro tablas!!!

Asociaciones ternarias (*-*-1)

Fechas_alta

Afiliaciones
Fecha_baja

Partidos

Políticos

Partidos(siglas, ...)

Fechas_alta(fecha, ...)

Políticos(nombre, ...)

Afiliaciones(par, alta, pol, baja)

¡¡¡Siempre cuatro tablas!!!

Asociaciones ternarias (*-1-1)

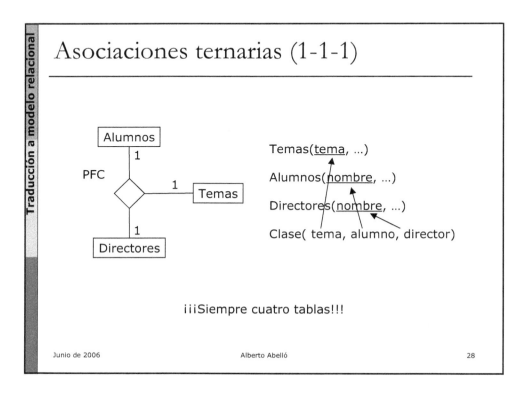

Grupo(<u>id</u>, ...)

Hora_inicio(<u>hora</u>, ...)

Aula(<u>aulario-planta</u>, ...)

Clases(grupo, hora, aula, duración)

¡¡¡Siempre cuatro tablas!!!

Asociaciones ternarias (1-1-1)

Alumnos

PFC

1

1 — Temas

1

Directores

Temas(<u>tema</u>, ...)

Alumnos(<u>nombre</u>, ...)

Directores(<u>nombre</u>, ...)

Clase(tema, alumno, director)

¡¡¡Siempre cuatro tablas!!!

Asociaciones n-arias

- Binarias: 2 o 3 tablas

- Ternarias: 4 tablas

- Cuaternarias: 5 tablas

- Quinarias: 6 tablas

- …

Agregación compuesta (I)

- Clase débil, respecto a la clave externa del modelo relacional clásico

Progenitor/es	Asignatura	Países
1	1	1
*	*	*
Bebé	Grupo	Ciudades

Países(<u>país</u>, …)

Ciudades(<u>país, ciudad</u>, …)

Agregación compuesta (II)

- ☐ Una clase no puede formar parte de dos

- ☐ La composición no puede tener ceros del lado "1"

- ☐ Puede haber composiciones encadenadas

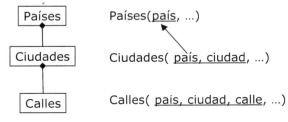

| Países | Países(<u>país</u>, ...) |

| Ciudades | Ciudades(<u>país, ciudad</u>, ...) |

| Calles | Calles(<u>país, ciudad, calle</u>, ...) |

Claves foráneas multiatributo

Correcto

Ciudades(<u>país, ciudad</u>, ...)
     Francia París
     España Madrid

Calles(<u>país,   ciudad, calle</u>, ...)
     Francia Madrid

Violación de FK

Ciudades(<u>país, ciudad</u>, ...)
     Francia París
     España Madrid

Calles(<u>país,   ciudad, calle</u>, ...)
     Francia Madrid

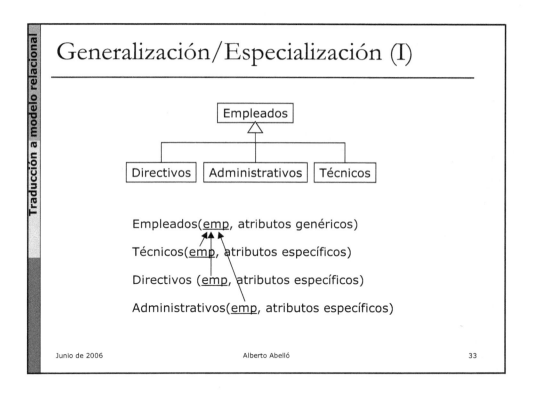

Generalización/Especialización (I)

Empleados

Directivos | Administrativos | Técnicos

Empleados(<u>emp</u>, atributos genéricos)

Técnicos(<u>emp</u>, atributos específicos)

Directivos (<u>emp</u>, atributos específicos)

Administrativos(<u>emp</u>, atributos específicos)

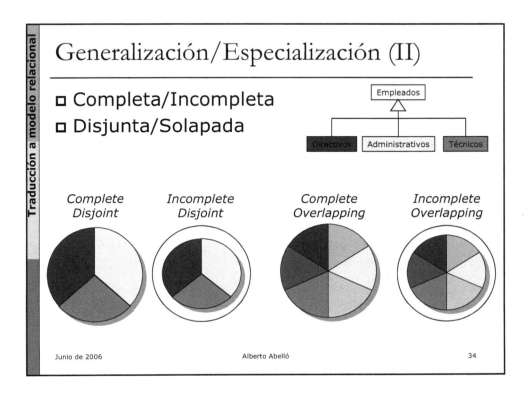

Generalización/Especialización (II)

- □ Completa/Incompleta
- □ Disjunta/Solapada

Empleados

Directivos | Administrativos | Técnicos

Complete Disjoint

Incomplete Disjoint

Complete Overlapping

Incomplete Overlapping

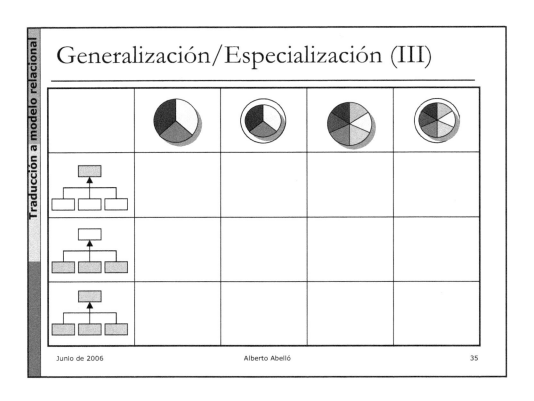

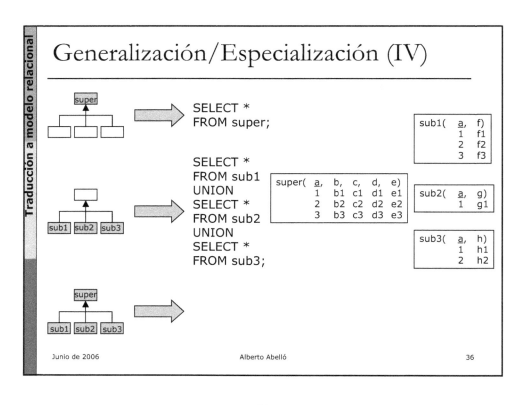

Generalización/Especialización (V)

R(a, b)
   1   a
   2   b
   3   ?

S(b, c)
   a   4
   c   5

R LeftOuterJoin S(	a,	b,	b',	c)
	1	a	a	4
	2	b	?	?
	3	?	?	?

R RightOuterJoin S(	a,	b,	b',	c)
	1	a	a	4
	?	?	c	5

R FullOuterJoin S(	a,	b,	b',	c)
	1	a	a	4
	2	b	?	?
	3	?	?	?
	?	?	c	5

Alberto Abelló

Generalización/Especialización (VI)

R
▲
S

SELECT R.a, R.b, S.c
FROM R, S
WHERE R.b=S.b
UNION
SELECT R.a, R.b, NULL
FROM R
WHERE R.b NOT IN (SELECT S.b
                      FROM S);

¿Cuántas "UNION" necesito para 2 subclases?
¿Y para 3?

Alberto Abelló

Outer Join en SQL'99

<table1> [INNER | [LEFT|RIGHT|FULL] OUTER] JOIN <table2>
[ON <condition>]

□ **El orden de las tablas en el FROM ya no es commutativo**

□ **Se hacen las *joins* de izquierda a derecha**

Outer Join en Oracle 8i

□ Left

```
SELECT p.a, b, c, d, e, f, g, h
FROM super p, sub1 b1, sub2 b2, sub3 b3
WHERE p.a=b1.a(+) AND p.a=b2.a(+) AND p.a=b3.a(+);
```

□ Right

```
SELECT p.a, b, c, d, e, f, g, h
FROM super p, sub1 b1, sub2 b2, sub3 b3
WHERE (+)p.a=b1.a AND (+)p.a=b2.a AND (+)p.a=b3.a;
```

□ Full

No disponible

Outer Join en Oracle 9i

- Left

```
SELECT p.a, b, c, d, e, f, g, h
FROM super p LEFT OUTER JOIN sub1 b1 ON p.a=b1.a
    LEFT OUTER JOIN sub2 b2 ON p.a=b2.a
    LEFT OUTER JOIN sub3 b3 ON p.a=b3.a;
```

(a,	b,	c,	d,	e,	f,	g,	h)
1	b1	c1	d1	e1	f1	g1	h1
2	b2	c2	d2	e2	f2	?	h2
3	b3	c3	d3	e3	f3	?	?

- Right

```
SELECT p.a, b, c, d, e, f, g, h
FROM super p RIGHT OUTER JOIN sub1 b1 ON p.a=b1.a
    RIGHT OUTER JOIN sub2 b2 ON p.a=b2.a
    RIGHT OUTER JOIN sub3 b3 ON p.a=b3.a;
```

- Full

```
SELECT p.a, b, c, d, e, f, g, h
FROM super p FULL OUTER JOIN sub1 b1 ON p.a=b1.a
    FULL OUTER JOIN sub2 b2 ON p.a=b2.a
    FULL OUTER JOIN sub3 b3 ON p.a=b3.a;
```

Junio de 2006 — Alberto Abelló — 41

Resumen

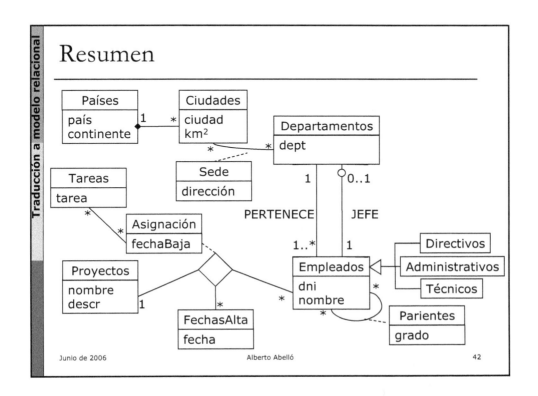

Junio de 2006 — Alberto Abelló — 42

Bibliografía

□ E. F. Codd. *The Relational Model for Database Management, version 2*. Addison-Wesley, 1990.

□ Jaume Sistac y otros. *Tècniques avaçades de bases de dades*. EDIUOC, 2000.

□ Jaume Sistac y otros. *Disseny de bases de dades*. Editorial UOC, 2002. Col·lecció Manuals, número 43.

□ J. Melton y A. Simon. *SQL 1999*. Morgan Kaufmann, 2002.

Traducción a modelo relacional

Reconsideración del esquema lógico

Objetivos

- Reflexionar sobre los esquemas conceptual y lógico

- Identificar algunos problemas habituales
  - Posible anulación de clases
  - Atributos de interrelaciones
  - Clase o interrelación
  - Atributos multivalor

- Conocer los factores decisorios para elegir una solución de diseño

Ocurrencias (instancias) *vs* Leyes (conceptos)

- Las instancias sirven únicamente para <u>IN</u>validar el esquema

- Nunca debemos hacer un diseño basándonos en las instancias

- En caso de duda, preguntar al cliente/usuario

Multiplicidades

- Qué debemos preguntarnos?
  - Cada uno, ¿cuántos como máximo?
  - ¿Pueden existir ceros (**posible** no participación de una instancia en la interrelación)?
  - Si existen ceros, ¿generan valores nulos?
    - Únicamente en las binarias de multiplicidad 1-* y 1-1
- Casos prohibidos:

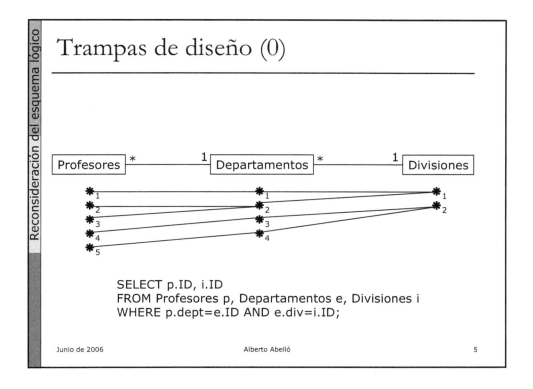

SELECT p.ID, i.ID
FROM Profesores p, Departamentos e, Divisiones i
WHERE p.dept=e.ID AND e.div=i.ID;

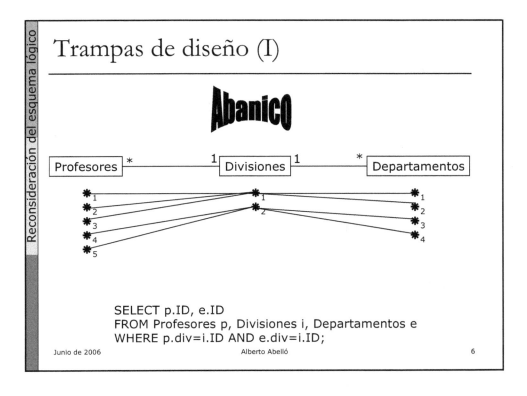

SELECT p.ID, e.ID
FROM Profesores p, Divisiones i, Departamentos e
WHERE p.div=i.ID AND e.div=i.ID;

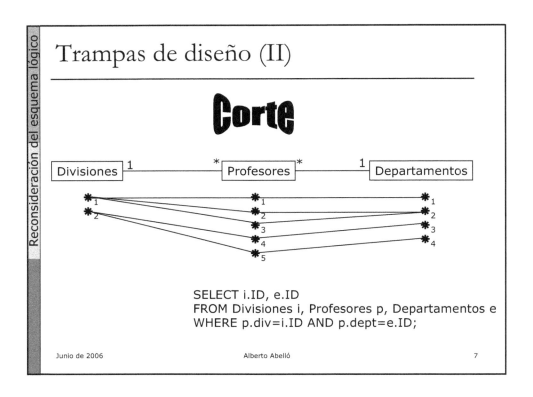

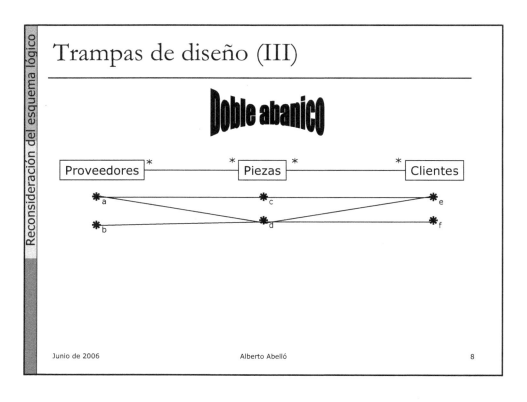

Trampas de diseño (IV)

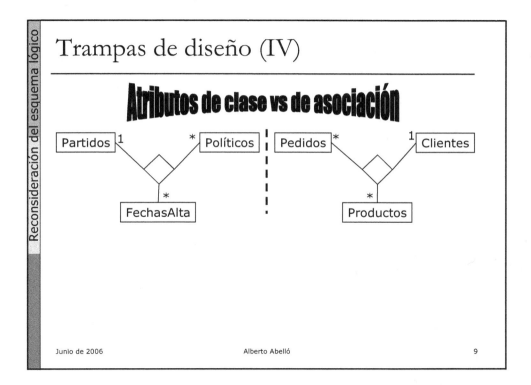

Atributos de clase vs de asociación

Partidos 1 — ◇ — * Políticos : Pedidos * — ◇ — 1 Clientes
FechasAlta * : Productos *

Posible anulación de clases

Supongamos que ninguna de las dos clases tiene atributos

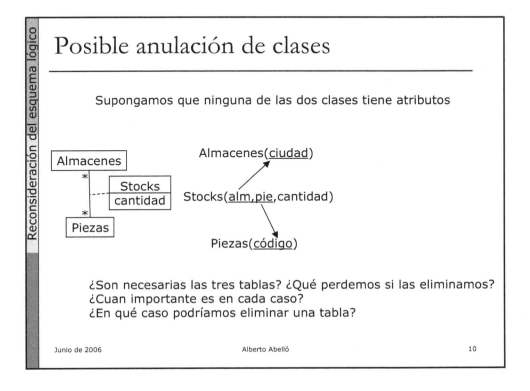

Almacenes
 *
  Stocks
  cantidad
 *
Piezas

Almacenes(ciudad)

Stocks(alm,pie,cantidad)

Piezas(código)

¿Son necesarias las tres tablas? ¿Qué perdemos si las eliminamos?
¿Cuan importante es en cada caso?
¿En qué caso podríamos eliminar una tabla?

Atributos de asociaciones

□ *-* o n-arias (muy habitual)
  - En la tabla intermedia

□ 1-* (raro)
  - Si hay, en la tabla intermedia
  - ¿Y si no?

□ 1-1 (muy raro)
  - Si hay, en la tabla intermedia
  - Si hay una sola tabla, en ella
  - ¿Y si no?

Clase *vs* Asociación (I)

Asociación

Clientes — 1 — * — Pedidos — * — Líneas — * — Productos

Clase

Clientes — 1 — * — Pedidos — 1 — * — Líneas — * — 1 — Productos

Clase vs Asociación (II)

Especialidades

*

PARTICIPACIONES

◇ — * Participantes

*

Eliminatorias

Especialidades

*

----- Pruebas

*

*

Eliminatorias

*

Participantes

Clase vs Asociación (III)

◻ Asociación
  - Se identifica por sus "patas"
  - Es lo habitual
  - Dificulta definir/comprobar restricciones

◻ Clase realmente asociativa
  - Se identifica por sí misma (tiene clave externa)
  - No es habitual
  - Facilita definir/comprobar restricciones

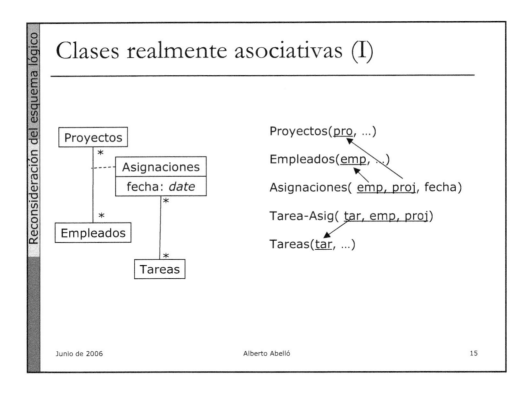

Clases realmente asociativas (I)

Proyectos

Asignaciones
fecha: *date*

Empleados

Tareas

Proyectos(<u>pro</u>, ...)

Empleados(<u>emp</u>, ...)

Asignaciones(<u>emp, proj</u>, fecha)

Tarea-Asig(<u>tar, emp, proj</u>)

Tareas(<u>tar</u>, ...)

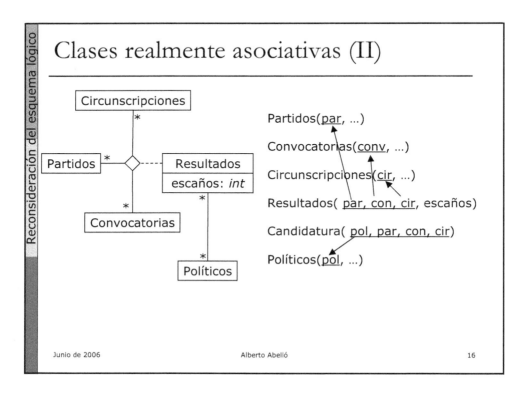

Clases realmente asociativas (II)

Circunscripciones

Partidos

Resultados
escaños: *int*

Convocatorias

Políticos

Partidos(<u>par</u>, ...)

Convocatorias(<u>conv</u>, ...)

Circunscripciones(<u>cir</u>, ...)

Resultados(<u>par, con, cir</u>, escaños)

Candidatura(<u>pol, par, con, cir</u>)

Políticos(<u>pol</u>, ...)

Clases realmente asociativas (III)

```
Proyectos
    0..1
        Asignaciones
        fecha: date
    1..*          *
Empleados

              *
        Tareas
```

Proyectos(<u>pro</u>, …)

Atributos multivalor (I)

Un valor por columna

Medida(<u>clave</u>, $\text{valor}_{aparato1}$, $\text{valor}_{aparato2}$, …, $\text{valor}_{aparaton}$)
$\qquad$ a $\qquad$ 30 $\qquad\qquad$ 31 $\qquad\qquad\qquad$ 28

Un valor por fila

Medida(<u>clave, aparato</u>, valor)
$\qquad$ a $\qquad$ 1 $\qquad$ 30
$\qquad$ a $\qquad$ 2 $\qquad$ 31
$\qquad$ …
$\qquad$ a $\qquad$ n $\qquad$ 28

Por columnas	Por filas
Nº fijo de valores	Nº variable de valores
Pocos valores	Muchos valores
Genera nulos	No genera nulos
Una E/S	Muchas E/S
Tratamiento global	Tratamiento no global
PK natural	PK artificiosa
Menos espacio	Más espacio
No admite agregaciones	Admite agregaciones
Muchos CHECK	Un CHECK
Poca concurrencia	Más concurrencia

Atributos multivalor (II)

Un valor por columna

Cliente(<u>código,</u> tel-oficina, tel-secretario, tel-movil, tel-particular)
C1   933333333 933333331   666666666 null

Un valor por fila

Cliente(<u>códido, lugar,</u>   teléfono)
C1   Oficina   933333333
C1   Secretario 933333331
C1   Móvil   666666666

Atributos multivalor (III)

Un valor por columna

Empleado(<u>dni,</u> nov04, dic04, ene05, feb05, ... , ago05, sep05, oct05)
1   null   null   1100   1200   ... 1150   null   null

Un valor por fila

Empleado(<u>dni, mes,</u>   sueldo)
1   Ene05   1100
1   Feb05   1200
...
1   Ago05   1150

Diapositiva resumen

- ☐ Ocurrencias *vs* Leyes
- ☐ Trampas de diseño
- ☐ Posible anulación de clases
- ☐ Atributos de interrelaciones
- ☐ Clase o interrelación
- ☐ Atributos multivalor

Bibliografía

- ☐ Jaume Sistac y otros. *Disseny de bases de dades*. Editorial UOC, 2002. Col·lecció Manuals, número 43.

Normalización

Objetivos

- Analizar los distintos tipos de conjuntos y su relación con las bases de datos
- Entender las dependencias funcionales
- Identificar los problemas de diseño como consecuencia de la no normalización
- Definir las diferentes formas normales
- Transformar relaciones no normalizadas a las diferentes formas normales
- Normalizar a través del método de análisis y síntesis
- Reconocer los casos en los que es ventajoso desnormalizar

Índice

□ Conceptos previos de álgebra de conjuntos

□ Dependencias funcionales

□ Motivación

□ Formas normales (FN):

- ■ 1FN
- ■ 2FN
- ■ 3FN
- ■ BCNF
- ■ Reglas de Armstrong
- ■ 4FN
- ■ 5FN

Conceptos previos de álgebra de conjuntos

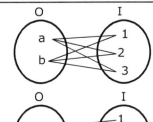

Producto cartesiano: todos contra todos

Correspondencia: subconjunto del producto cartesiano

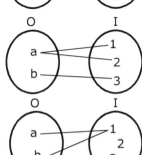

Función: cada original tiene 1 y sólo 1 imagen

Conceptos previos de álgebra de conjuntos

O   I

(a, b)   (1, 2, 3)

Función Inyectiva: cada I sólo tiene una O

Las PK son funciones inyectivas

O   I

(a, b, c) (1, 2)

Función Exhaustiva: toda I se relaciona como mínimo con una O

O   I

(a, b, c) (1, 2, 3)

Función Bijectiva: toda I se relaciona con 1 y sólo 1 O

Álgebra de conjuntos y bases de datos

O   DNI   I

(a, b)   (40997564, 5099876, 3029299)

Función Inyectiva

O   Sexo   I

(a, b, c) (Hombre, Mujer)

Función Exhaustiva

O   Nacimiento   I

(a, b, c) (13.06.1998, 06.06.1950, 30.01.2005)

No es:
inyectiva,
exhaustiva,
biyectiva

Estudiantes   Dom Nacimiento

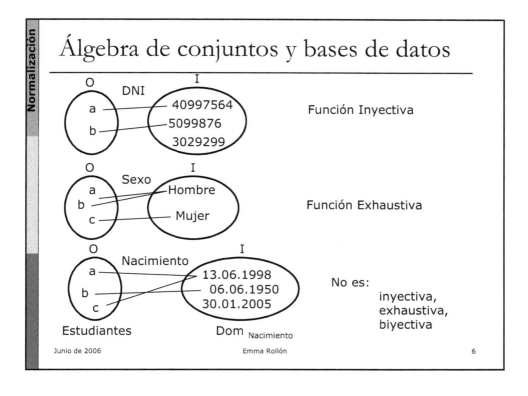

Dependencias Funcionales

R (A1, A2, ..., An)

□ Una DF {X} -> {Y} es aquella que garantiza que dado un valor de {X}, éste determina de forma unívoca el valor de {Y}

{X} determina funcionalmente a {Y}

{Y} depende funcionalmente de {X}

Dependencias Funcionales Plenas

□ Una DF {X} -> {Y} es plena ssi ningún subconjunto propio de {X} determina funcionalmente {Y}

Suministros (prov, articulo, cant, ciudad)

Anomalía de modificación

Suministros			
prov	art	cant	ciudad
1	a1	100	~~Reus~~ Salou
1	a2	150	~~Reus~~ Salou
2	a1	200	Vic
2	a2	300	Vic
3	a2	100	Vic

¡Es obligatorio modificar todas las tuplas que guardan un dato determinado!

Anomalía de borrado

Suministros			
prov	art	cant	ciudad
1	a1	100	Reus
1	a2	150	Reus
2	a1	200	Vic
2	a2	300	Vic
~~3~~	~~a2~~	~~100~~	~~Vic~~

¡Se pueden perder datos elementales sin querer!

Anomalía de inserción

Suministros			
prov	art	cant	ciudad
1	a1	100	Reus
1	a2	150	Reus
2	a1	200	Vic
2	a2	300	Vic
3	a2	100	Vic
4	NULL	NULL	Mollet

¡No se pueden insertar datos elementales de forma independiente!

Motivación

□ Objetivo:
- Formalizar un conjunto de ideas simples que guíen un buen diseño de la BD

□ Fundamento:
- Toda relación ha de describir un concepto semántico único
- La teoría de la normalización nos permite reconocer cuándo este principio no se cumple

Motivación

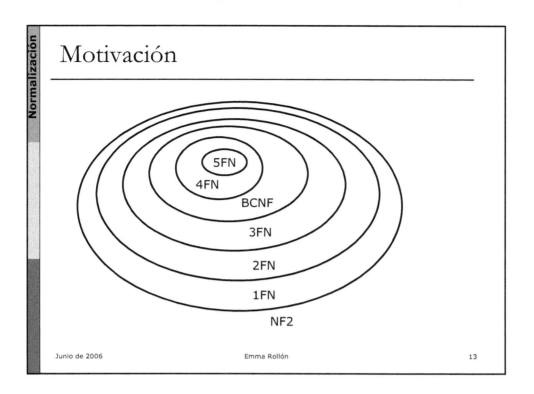

Formas Normales: 1FN (Codd 1970)

❑ Una tabla SQL está en 1FN ssi ningún atributo es en él mismo una tabla, es decir, si cualquier atributo es <u>atómico</u>, <u>no descomponible</u>, <u>no agregado</u> y <u>no grupo repetitivo</u>

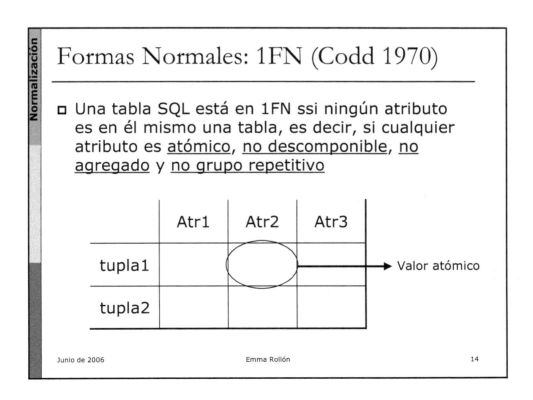

Formas Normales: 1FN (Codd 1970)

Piezas (#pieza, descripción, proy_cantidad)

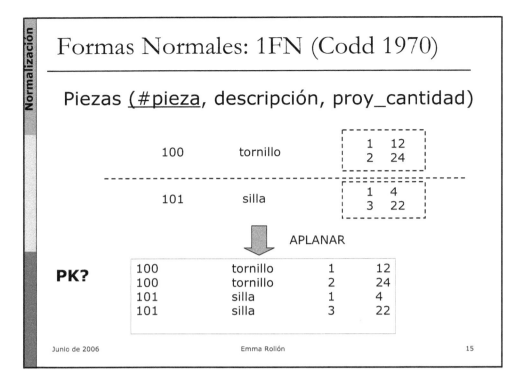

PK?

100	tornillo	1	12
100	tornillo	2	24
101	silla	1	4
101	silla	3	22

Formas Normales: 2FN (Codd 1970)

□ Una tabla SQL está en 2FN ssi:
  - Está en 1FN

    y
  - Todo atributo no clave depende FFD de toda la clave primaria

□ Excepción: un atributo puede depender funcionalmente de parte de la clave primaria si este atributo es parte de una clave alternativa

Formas Normales: 2FN (Codd 1970)

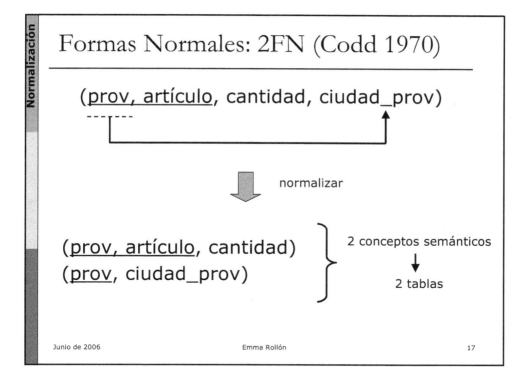

(<u>prov, artículo</u>, cantidad, ciudad_prov)

normalizar

(<u>prov, artículo</u>, cantidad)
(<u>prov</u>, ciudad_prov)

2 conceptos semánticos

2 tablas

Formas Normales: 3FN (Codd 1970)

- ❑ Una tabla SQL está en 3FN ssi:
  - ■ Está en 2FN

    y
  - ■ Ningún atributo no clave depende funcionalmente de ningún otro atributo no clave

- ❑ Excepción: se propaga la de la 2FN

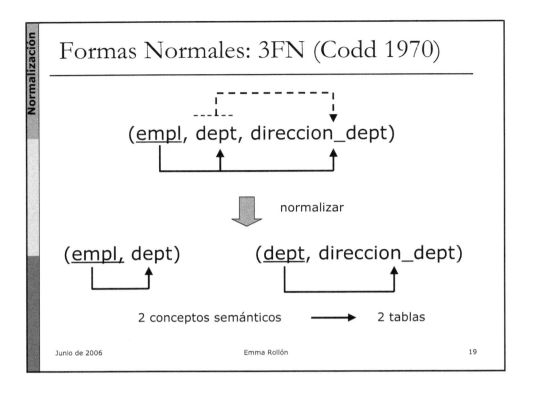

Formas Normales: 3FN (Codd 1970)

(__empl__, dept, direccion_dept)

normalizar

(__empl,__ dept)   (__dept__, direccion_dept)

2 conceptos semánticos ⟶ 2 tablas

Junio de 2006   Emma Rollón   19

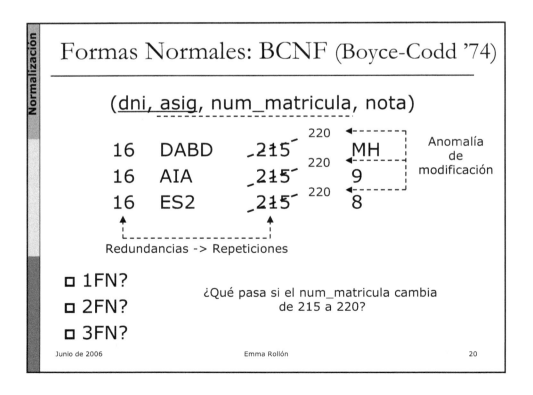

Formas Normales: BCNF (Boyce-Codd '74)

(__dni, asig__, num_matricula, nota)

16	DABD	215	220	MH
16	AIA	215	220	9
16	ES2	215	220	8

Anomalía de modificación

Redundancias -> Repeticiones

□ 1FN?

□ 2FN?   ¿Qué pasa si el num_matricula cambia de 215 a 220?

□ 3FN?

Junio de 2006   Emma Rollón   20

60

Formas Normales: BCNF (Boyce-Codd '74)

□ Una tabla SQL está en BCNF sii:

- Está en 1FN

  y

- Todo <u>determinante</u> es <u>clave candidata</u>

Origen de flecha | Todos, tanto PK como alternativas

Formas Normales: BCNF (Boyce-Codd '74)

(<u>dni, asig</u>, num_matricula, nota)

<u>Determinante</u>	<u>¿Es clave candidata?</u>
dni	
num_matricula	
dni, asig	
num_matricula, asig	

(<u>dni, asig</u>, nota)	(<u>num_matricula, asig</u>, nota)
(<u>dni</u>, num_matricula)	(<u>dni</u>, num_matricula)
(<u>dni, asig</u>, nota)	(<u>num_matricula, asig</u>, nota)
(<u>num_matricula</u>, dni)	(<u>num_matricula</u>, dni)

Conclusiones hasta la 3FN fuerte

- Siempre se puede normalizar hasta BCNF

- La normalización no es única

- El modelo normalizado obtenido es equivalente al propuesto

- El modelo normalizado es mejor porque:
  - Elimina redundancias y anomalías
  - Separa conceptos semánticamente diferentes

Desnormalización

Personas (<u>dni</u>, nombre, direccion, telf, ciudad, provincia)

 BCNF

(dni, nombre, direccion, telf, ciudad)
(ciudad, provincia)

- ¿Cuándo desnormalizar?
  - Porque se ha de hacer una *join* habitualmente
  - Cuando no se prevén cambios

Formas Normales: Reglas de Armstrong

□ Reflexividad

Para todo x, $x \to x$

□ Aumentatividad

Si $x \to y$ **entonces** $xz \to y$

□ Proyectabilidad

Si $x \to yz$ **entonces** $x \to y$ **y** $x \to z$

□ Adición

Si $x \to y$ **y** $x \to w$ **entonces** $x \to yw$

□ Transitividad

Si $x \to y$ **y** $y \to z$ **entonces** $x \to z$

□ Pseudotransitividad

Si $x \to y$ **y** $yz \to w$ **entonces** $xz \to w$

Formas Normales: Reglas de Armstrong

$L = \{ DF \}$ ---▶ Dependencias funcionales explícitas

Reglas de Armstrong ↓

$L+ = \{ DF \}$ ---▶ Dependencias funcionales explícitas + implícitas

□ **¿Qué se puede deducir con la clausura?**

- Si una dependencia funcional es o no cierta
- Cálculo de claves candidatas
- Si dos esquemas lógicos son iguales

Flashback: Alternativas de Diseño

□ De diseño preexistentes: integración de vistas

□ De diseño nuevo:

- 10 etapas del diseño de las BD
- Relación Universal + {DF} : análisis, *top-down*, descendente, descomposición
- Conjunto de atributos + {DF} : síntesis, *bottom-up*, ascendente, composición

Alternativas dadas por la teoría de la normalización

Flashback: Alternativas de Diseño

□ Análisis:

- R no está en BCNF. X y A pertenecen a R, y existe una DF X->A que viola la BCNF. Descomponer R en R-A y XA.
- Si R-A o XA no están en BCNF, entonces repetir primer punto.

□ La descomposición no es única

□ Ejemplo:

- R (C, S, J, D, P, Q, V)
- {DF} = { JP->C, SD->P, J->S, C->SJDPQV}

Flashback: Alternativas de Diseño

◻ Análisis:

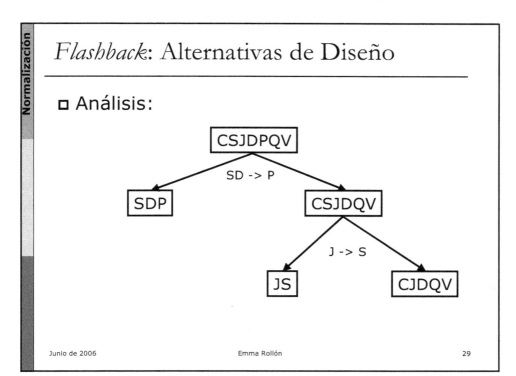

Flashback: Alternativas de Diseño

◻ Síntesis:

- Recubrimiento mínimo de las DF:
  - ◻ Poner las DF en forma estándar: 1 atributo en la parte derecha
  - ◻ Minimizar la parte izquierda de cada DF: por cada atributo en la izquierda mirar si se puede borrar sin alterar la clausura
  - ◻ Borrar DF redundantes
- Dado un conjunto de atributos y un recubrimiento mínimo F de las DF, añadir una relación XA por cada X->A en F

◻ Ejemplo: {C, S, J, D, P, Q, V}

Flashback: Alternativas de Diseño

□ Ejemplo:
- {C, S, J, D, P, Q, V}
- DF: C->SJDPQV, JP->C, SD->P, J->S

A. Recubrimiento mínimo:

C->S, C->J, C->D, C->P, C->Q, C->V

C->S and C->D and SD->P => ~~C->P~~

C->J and J->S => ~~C->S~~

C->J, C->D, C->Q, C->V, JP->C, SD->P, J->S

Flashback: Alternativas de Diseño

□ Ejemplo:
- {C, S, J, D, P, Q, V}
- C->J, C->D, C->Q, C->V, JP->C, SD->P, J->S

B. Proceso de síntesis:

1. CJ, CD, CQ, CV, JPC, SDP, JS

C es PK

2. CDQVJP, SDP, JS

Flashback: Alternativas de Diseño

□ Aplicar análisis y síntesis:
- Atributos: X, Y, A, B, C
- DF: X->AB, XY->BC

Formas Normales: 4FN (Faggin 1977)

(dni, leng_progr, idiomas)

		Francés
16	Cobol Pascal	Inglés
		Alemán

- -

| 17 | PL-I Pascal | Francés Alemán |

APLANAR

(dni, leng progr, idiomas)

16	Cobol	Francés
16	Cobol	Inglés
16	Cobol	Alemán
16	Pascal	Francés
16	Pascal	Inglés

...

□ ¿1FN?

□ ¿2FN?

□ ¿3FN?

□ ¿BCNF?

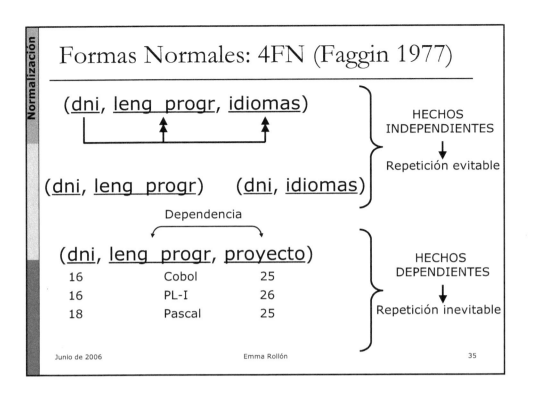

Formas Normales: 4FN (Faggin 1977)

(dni, leng_progr, idiomas)

HECHOS INDEPENDIENTES

Repetición evitable

(dni, leng_progr)   (dni, idiomas)

Dependencia

(dni, leng_progr, proyecto)

16	Cobol	25
16	PL-I	26
18	Pascal	25

HECHOS DEPENDIENTES

Repetición inevitable

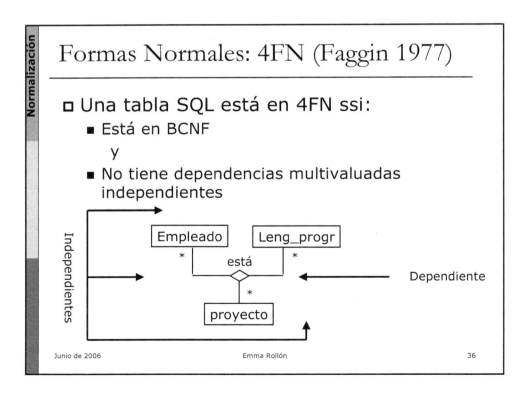

Formas Normales: 4FN (Faggin 1977)

- Una tabla SQL está en 4FN ssi:
  - Está en BCNF
    y
  - No tiene dependencias multivaluadas independientes

Independientes

Empleado   Leng_progr

está

Dependiente

proyecto

Formas Normales: 5FN (Faggin 1979)

ProfAsigCentro		
Prof	**Asig**	**Centro**
Pons	BD	FIB
Pons	Prog	FIB
García	BD	FIB
García	Alg	FIB
García	Alg	FME
Puig	Alg	FIB

¿¿Se puede descomponer en dos relaciones sin perder información??

Formas Normales: 5FN (Faggin 1979)

ProfAsig	
Prof	Asig
Pons	BD
Pons	Prog
García	BD
García	Alg
Puig	Alg

AsigCentre	
Asig	Centre
BD	FIB
Prog	FIB
Alg	FIB
Alg	FME

¿Qué profesores están asignados a cada centro?

ProfAsig	
Prof	Asig
Pons	BD
Pons	Prog
García	BD
García	Alg
Puig	Alg

ProfCentre	
Prof	Centre
Pons	FIB
García	FIB
García	FME
Puig	FIB

¿Qué asignaturas se imparten en cada centro?

¡¡LAS DEPENDENCIAS MULTIVALUADAS SON DEPENDIENTES!!

ProfCentre	
Prof	Centre
Pons	FIB
García	FIB
García	FME
Puig	FIB

AsigCentre	
Asig	Centre
BD	FIB
Prog	FIB
Alg	FIB
Alg	FME

¿Qué asignaturas imparte cada profesor?

Formas Normales: 5FN (Faggin 1979)

LEY DE SIMETRÍA

Si un profesor imparte una asignatura **y**
la asignatura se imparte en un centro **y**
en ese centro trabaja el profesor
Entonces
el profesor imparte la asignatura en el centro

ProfAsig	
Prof	Asig
Pons	BD
Pons	Prog
García	BD
García	Alg
Puig	Alg

AsigCentre	
Asig	Centre
BD	FIB
Prog	FIB
Alg	FIB
Alg	FME

ProfCentre	
Prof	Centre
Pons	FIB
García	FIB
García	FME
Puig	FIB

Formas Normales: 5FN (Faggin 1979)

□ Una tabla SQL está en 5FN ssi:

- Está en 4FN

  y

- No tiene dependencias *project-join* sin variación

Sin variación:
- Normalizar
- 3 conceptos (3 tablas)
- Por fuera
- Hay ley de simetría

Con variación:
- Ya normalizado
- 1 concepto (1 tabla)
- Por dentro
- No hay ley de simetría

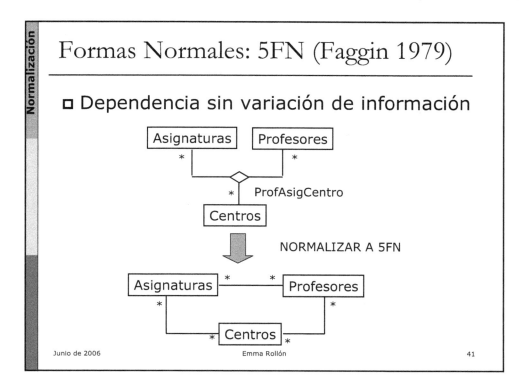

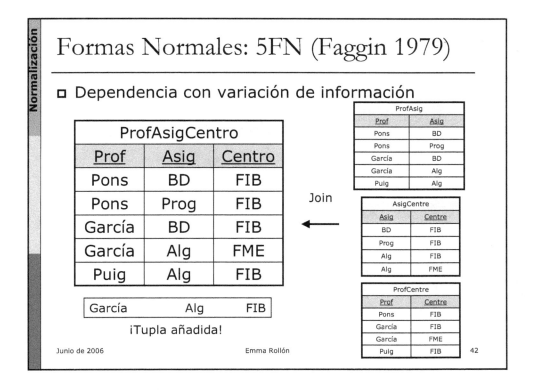

Formas Normales: 5FN (Faggin 1979)

□ Dependencia con variación de información

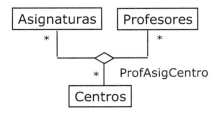

Ya estaba normalizada

Bibliografía

□ Jaume Sistac y otros. *Disseny de bases de dades*. Editorial UOC, 2002. Col·lecció Manuals, número 43.

□ S. Abiteboul, R. Hull y V. Vianu. *Foundations of Databases*. Addison-Wesley, 1995.

□ R. Ramakrishnan y J. Gehrke. *Database Management Systems*. McGraw-Hill, 3a. edición, 2003.

Almacenes de datos

Objetivos

- Reconocer los diferentes requerimientos, tipos de usuarios y herramientas de una base de datos decisional, en comparación con un entorno operacional
- Entender lo que es un almacén de datos
- Diferenciar almacén de datos corporativo (*Data Warehouse*), almacén de datos departamental (*Data Mart*) y almacén de datos operacional (*Operational Data store*)
- Conocer los diferentes tipos de datos
- Diferenciar el tiempo de carga y el de consulta del almacén de datos

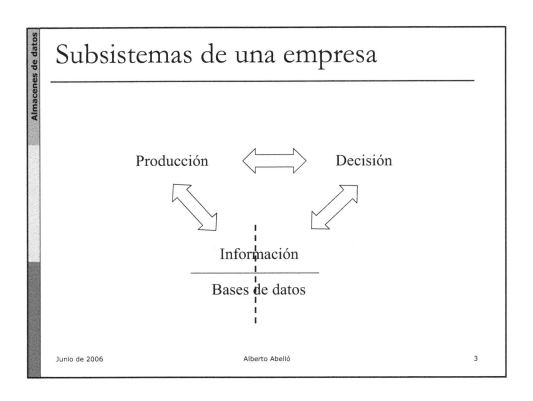

Subsistemas de una empresa

Producción   ⟺   Decisión

Información

Bases de datos

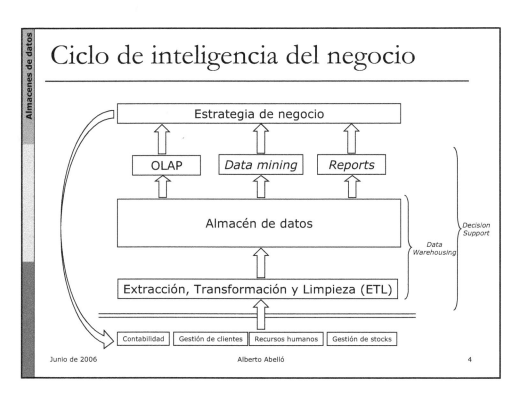

Ciclo de inteligencia del negocio

Estrategia de negocio

OLAP   *Data mining*   *Reports*

Almacén de datos

Decision Support

Data Warehousing

Extracción, Transformación y Limpieza (ETL)

Contabilidad | Gestión de clientes | Recursos humanos | Gestión de stocks

OLTP vs DW

- ❑ Temporalidad
- ❑ Volumen de datos
- ❑ Nivel de agregación
- ❑ Actualización
- ❑ Tiempo de respuesta
- ❑ Usuarios
- ❑ Funcionalidad

Definición

"*A Data Warehouse is a subject-oriented, integrated, time-variant, nonvolatile collection of data in support of management's decision-making process.*"

W. Inmon, 1992

Orientado a temas

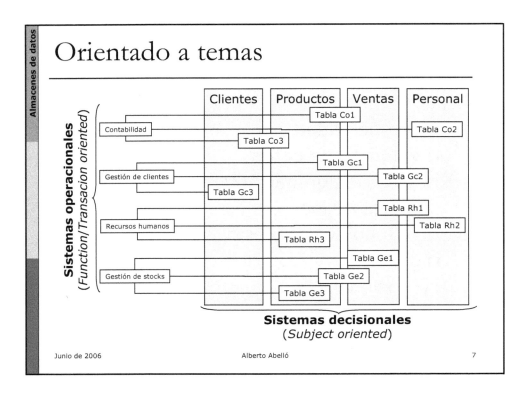

Histórico y no volátil

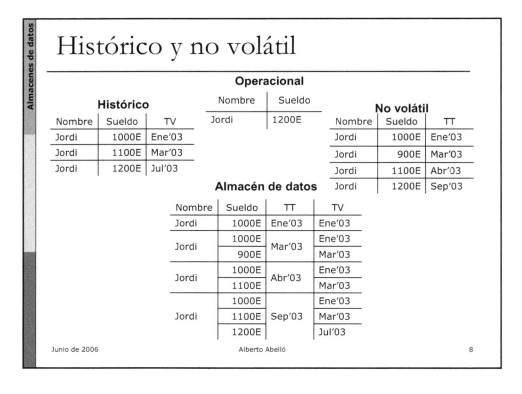

Operacional

Nombre	Sueldo
Jordi	1200E

Histórico

Nombre	Sueldo	TV
Jordi	1000E	Ene'03
Jordi	1100E	Mar'03
Jordi	1200E	Jul'03

No volátil

Nombre	Sueldo	TT
Jordi	1000E	Ene'03
Jordi	900E	Mar'03
Jordi	1100E	Abr'03
Jordi	1200E	Sep'03

Almacén de datos

Nombre	Sueldo	TT	TV
Jordi	1000E	Ene'03	Ene'03
Jordi	1000E	Mar'03	Ene'03
	900E		Mar'03
Jordi	1000E	Abr'03	Ene'03
	1100E		Mar'03
Jordi	1000E	Sep'03	Ene'03
	1100E		Mar'03
	1200E		Jul'03

Data warehousing

"Data Warehousing is a process, not a product, for assembling and managing data from various sources for the purpose of gaining single, detailed view of part or all of a business."

S. Gardner, 1998

Data Marts

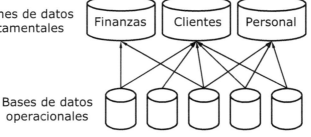

Almacenes de datos departamentales: Finanzas, Clientes, Personal

Bases de datos operacionales

- ☐ Orientados a la consulta
- ☐ *Normalmente* multidimensionales
- ☐ Sólo los datos necesarios:
  - ▪ Historia parcial de los datos
  - ▪ Sólo algunas fuentes de información
- ☐ No necesariamente al máximo detalle
- ☐ Permite reducir costes

Data Warehouse

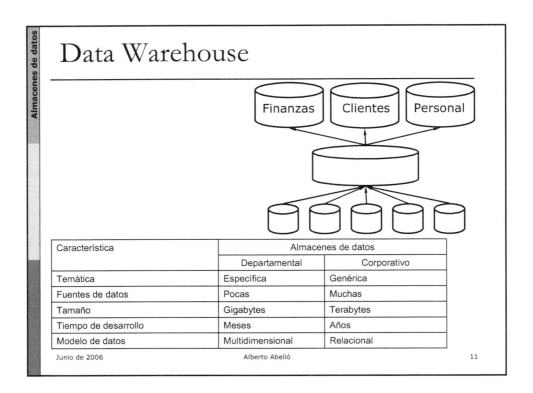

Característica	Almacenes de datos	
	Departamental	Corporativo
Temática	Específica	Genérica
Fuentes de datos	Pocas	Muchas
Tamaño	Gigabytes	Terabytes
Tiempo de desarrollo	Meses	Años
Modelo de datos	Multidimensional	Relacional

Operational Data Store

□ Integrado
□ Orientado al tema
□ NO histórico
□ SÍ volátil

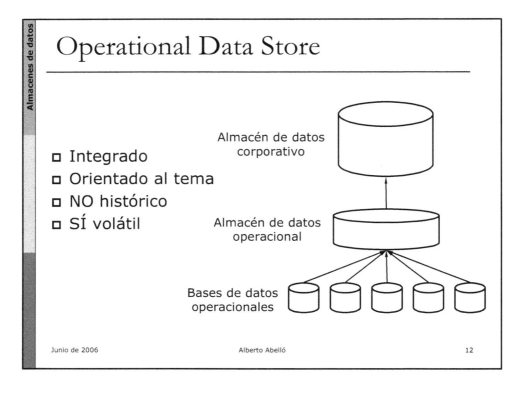

Almacén de datos corporativo

Almacén de datos operacional

Bases de datos operacionales

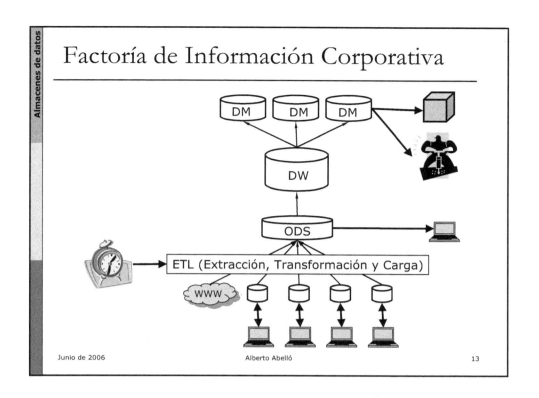

Factoría de Información Corporativa

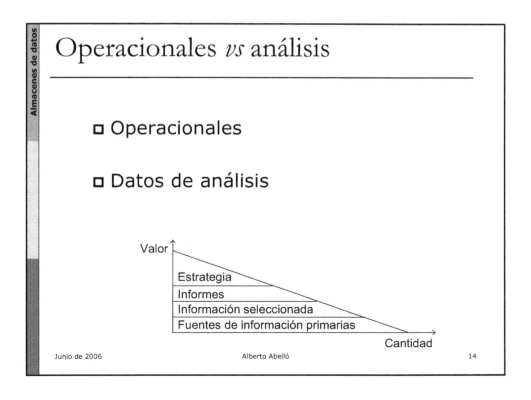

Operacionales *vs* análisis

□ Operacionales

□ Datos de análisis

Fuentes de datos

Fácil y común

- Sistemas operacionales propios
  - Conocidos
  - Control sobre los cambios
- Sistemas de empresas colaboradoras
  - Hay que negociar el formato
  - Posibles cambios
- *World Wide Web*
  - No tenemos ningún control
  - Cambios frecuentes
- Soporte no informático (OCR o "a mano")

Difícil e infrecuente

Datos actuales y viejos

- Mismas fuentes

- Los viejos sólo importan en la construcción, para acelerar la obtención de resultados

- Los datos actuales envejecen

- Los actuales son críticos porque se han de obtener periódicamente

Derivados, sumarizados o agregados

❑ Se obtienen operando otros datos

❑ Existe la posibilidad de almacenarlos físicamente
- No es realmente necesario
- Mejora el tiempo de consulta
- Consume más espacio
- Hay que tener en cuenta la frecuencia de recálculo
- Los algoritmos pueden cambiar

Prefijo "meta-"

❑ En ciencia significa "cambio". Ej:
- Metamorfosis
- Metabolismo

❑ En filosofía significa "más abstracto". Ej:
- Metaregla (Ej: Transitividad)
- Metaheurística
- Metalenguaje
- Metaconocimiento (Ej: *Modus ponens*)
- Metamodelo (Ej: Estructuras, operaciones y restricciones)

Metadatos (datos sobre los datos)

"**Dato** es una representación de hechos, conceptos o instrucciones, hecha de una manera formalizada, apta para su comunicación, interpretación o proceso, ya sea por seres humanos o bien medios automáticos."

ISO 010101

"**Información**, en un proceso de datos y en máquinas de oficina, es el significado que se atribuye a los datos a partir de reglas convencionales utilizadas para su representación."

ISO 010102

Repositorio de Metadatos

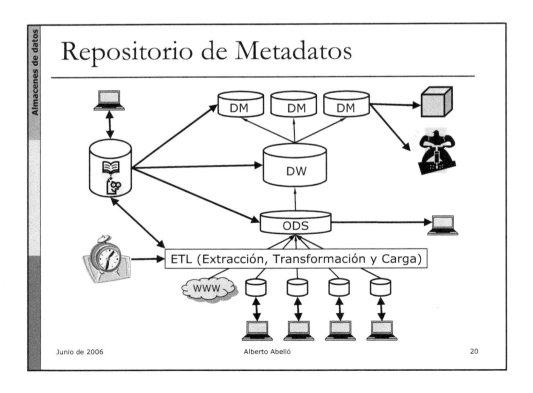

Repositorio de metadatos

- Mapa de ubicaciones
- Relaciones entre metadatos técnicos y de negocio
- Algoritmos de derivación o agregación
- Mecanismos de extracción
- Reglas empresariales (restricciones de integridad)
- Autorizaciones e información de acceso
- Versiones de esquemas
- Estructura y contenido de datos almacenados
- Fuentes de datos
- Datos de integración
- Lógica de actualizaciones
- Estadísticas de contenido
- Estructuras de acceso
- Documentación general

Usos de los metadatos

☐ Interpretar los datos

☐ Buscar información

☐ Justificar valores de atributos
- Análisis de impacto
- Trazo de datos

☐ Administrar el sistema

División de procesos

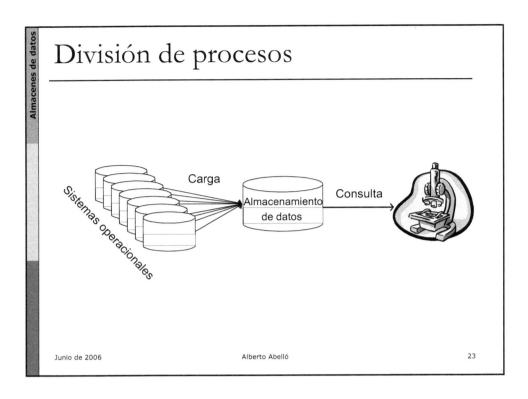

Tabla comparativa

	Operacional	Decisional
Objetivo	Ejecución del negocio	Análisis del negocio
Funciones principales	Oper. diarias (OLTP)	DSS (OLAP)
Uso	Repetitivo	Innovador
Diseño orientado ...	... a la funcionalidad	... al tema
Tipos de usuarios	Administrativos	Ejecutivos
Número de usuarios	Miles	Centenares
Tuplas accedidas	Centenares	Miles
Datos	Actuales, atómicos y aislados	Históricos, resumidos e integrados
Acceso	Lectura/Escritura	Sólo lectura
Unidad de trabajo	Transacción simple	Consulta compleja
Requerimientos	Rendimiento y consistencia	Rendimiento y precisión
Tamaño	Megas/Gigas	Gigas/Teras/Petas

Principales diferencias

- ▢ En decisional y no en operacional
  - ■ Son orientados a temas
  - ■ Contienen gran cantidad de información
    - ▢ Integran diversas fuentes de información
    - ▢ Contienen diferentes versiones (de datos y esquemas)
  - ■ Están formados por múltiples sistemas de almacenamiento
- ▢ En operacional y no en decisional
  - ■ No admisión de redundancias
  - ■ Actualización constante de los datos
  - ■ Transacciones (Control de concurrencia)

Diapositiva resumen

- ▢ Ciclo de inteligencia del negocio
- ▢ Definiciones
  - ■ Data Warehouse
  - ■ Data Marts
  - ■ Operational Data Store
  - ■ Factoría de Información Corporativa
- ▢ Tipos de datos
  - ■ Metadatos (datos sobre los datos)
- ▢ División de procesos
- ▢ Diferencias entre los entornos decisional y operacional

Bibliografía

□ W. H. Inmon, C. Imhoff y R. Sousa. *Corporate Information Factory*. John Wiley & Sons, 1998

□ J. Tort. *Monografía: Data warehousing/datamining.* Nováctica, 138, Marzo-Abril 1999.

Bases de datos multidimensionales

Objetivos

- Justificar la utilidad del análisis multidimensional frente a las bases de datos operacionales y las hojas de cálculo
- Definir OLAP (*On-Line Analitical Processing*)
- Describir un cubo de datos
- Interpretar un esquema multidimensional en estrella
- Diferenciar los principales tipos de herramientas (ROLAP, MOLAP y HOLAP)
- Conocer la traducción de las operaciones multidimensionales a SQL

Hoja de cálculo

- Ausencia de metadatos
  - Filas y columnas sin significado
  - Dificultad de consulta/interpretación

- Cantidad de datos limitada
  - M$Excel (65.000*256=16.000.000 celdas)

- La posición limita las operaciones

- No contempla jerarquías de agregación

Ejemplo de Modelado Transaccional

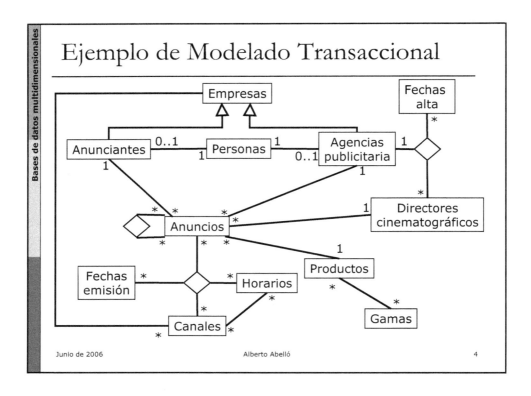

Características del modelado transaccional

Ventajas	Inconvenientes
Reduce la cantidad de datos redundantes	Degrada el tiempo de respuesta a consultas
Elimina la necesidad de modificar muchos registros por un solo cambio	Fácil cometer errores si no se es informático
Muy eficiente si hay cambios frecuentes	

Test FASMI

- Fast
- Analysis
- of Shared
- Multidimensional
- Information

Nigel Pendse, 1995

Hoja de cálculo   -> FAMSI
BD Relacional   -> SIFAM

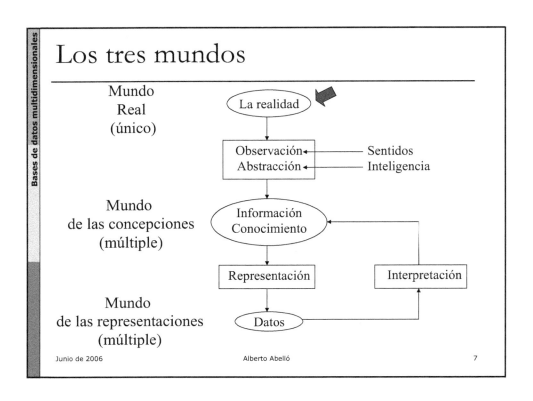

Los tres mundos

Mundo
Real
(único)

La realidad

Observación ← Sentidos
Abstracción ← Inteligencia

Mundo
de las concepciones
(múltiple)

Información
Conocimiento

Representación   Interpretación

Mundo
de las representaciones
(múltiple)

Datos

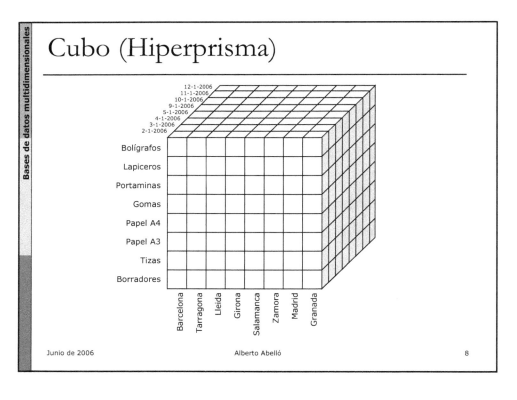

Cubo (Hiperprisma)

Slice (Rebanar)

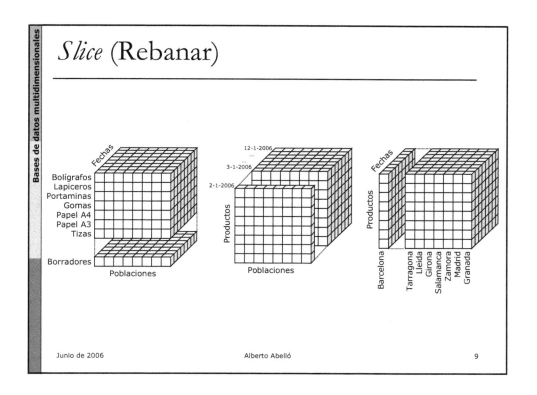

Dice (Recortar un dado)

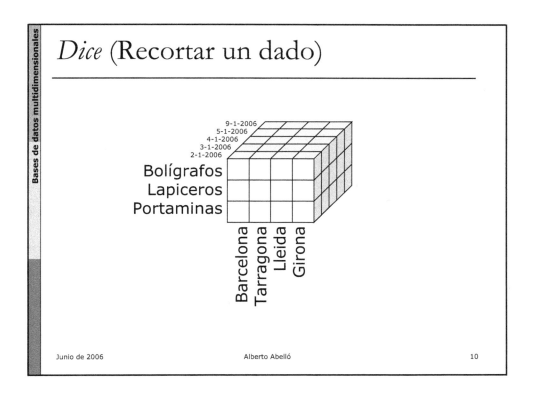

Roll-up / Drill-down (Agregar/Desglosar)

Ventas	Enero'06	Febrero'06	Marzo'06	Abril'06
Papel	24	40	15	29
Mat. escritura	58	40	59	70

Roll-up

Drill-down

Ventas		Enero'06	Febrero'06	Marzo'06	Abril'06
Papel	Din-A4	24	37	12	27
	Din-A3	0	3	3	2
Mat. escritura	Bolígrafos	15	17	23	20
	Lápices	43	23	36	50

Drill-across (Cruzar)

Drill-across

Ventas	Enero'06	Febrero'06	Marzo'06	Abril'06
Papel	24	40	15	29
Mat. escritura	58	40	59	70

Stocks	Enero'06	Febrero'06	Marzo'06	Abril'06
Papel	1	20	45	16
Mat. escritura	42	22	3	0

Drill-across

Los tres mundos

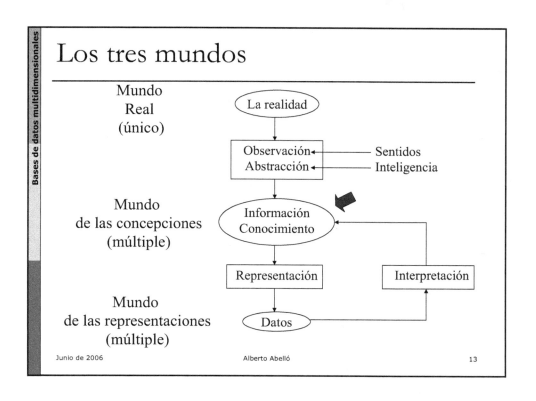

Mundo
Real
(único)

Mundo
de las concepciones
(múltiple)

Mundo
de las representaciones
(múltiple)

La realidad

Observación — Sentidos
Abstracción — Inteligencia

Información
Conocimiento

Representación   Interpretación

Datos

Alberto Abelló

13

Esquema Transaccional

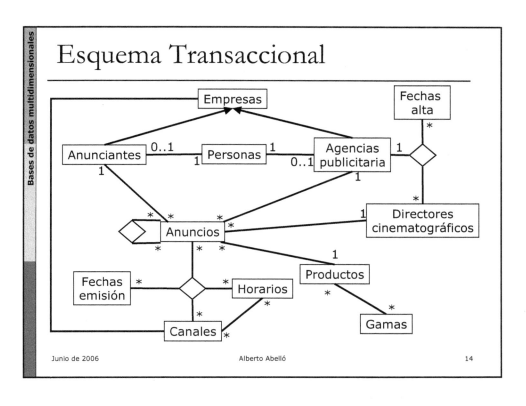

Empresas

Fechas
alta

Anunciantes   0..1   Personas   1   Agencias
                1   0..1   publicitaria   1

1   1

Directores
cinematográficos

Anuncios

Productos

Fechas
emisión   Horarios

Canales   Gamas

Alberto Abelló

14

93

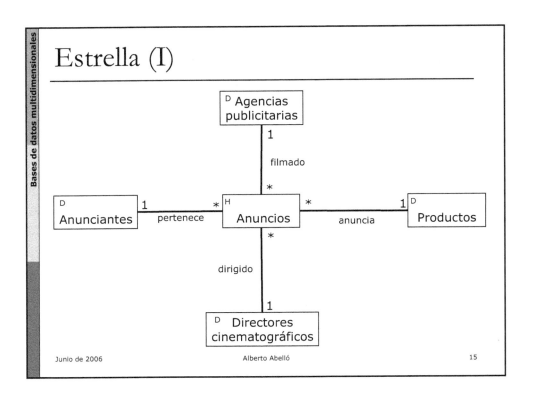

Estrella (I)

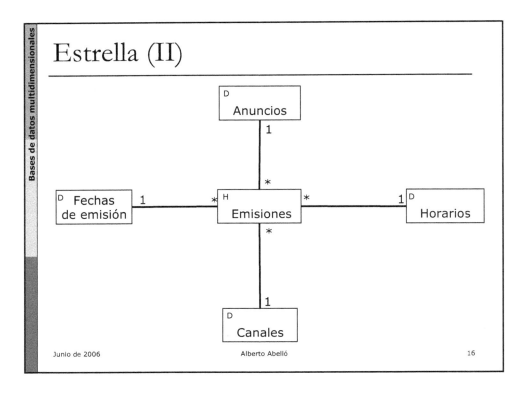

Estrella (II)

94

Estrella (III)

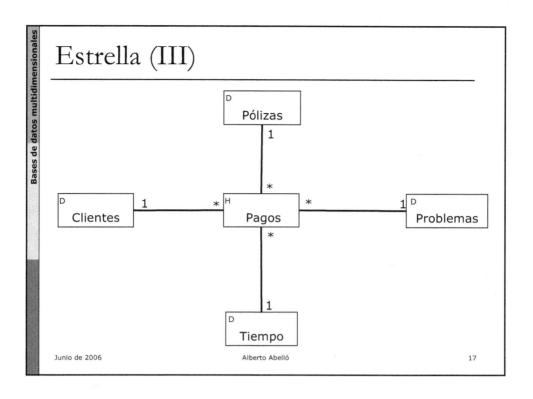

Estrella (IV)

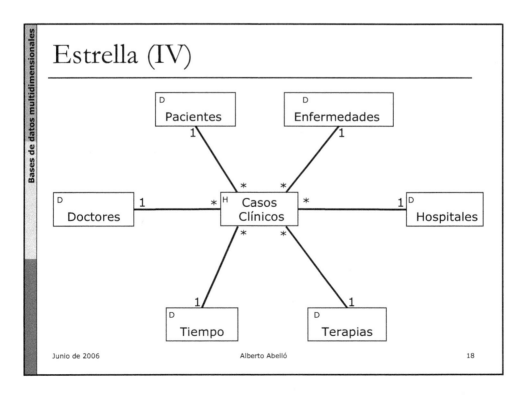

Copo de nieve

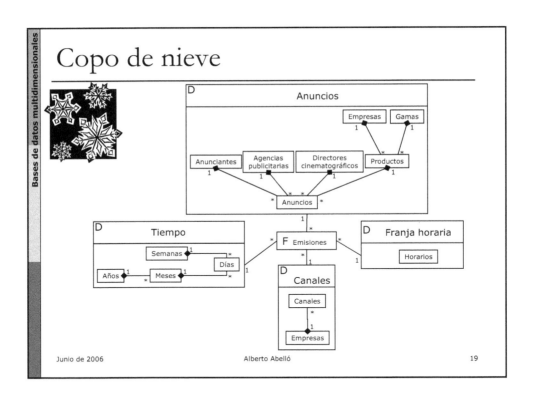

Galaxia o Constelación

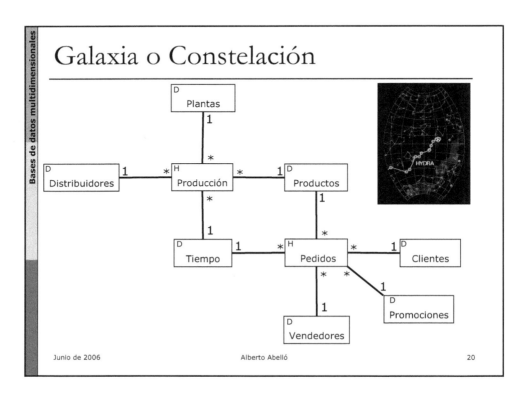

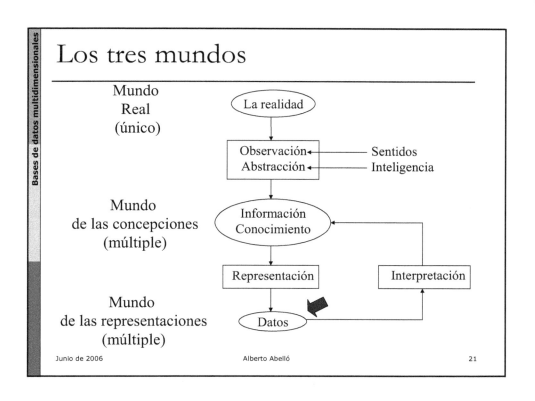

Los tres mundos

Mundo
Real
(único)

La realidad

Observación ← Sentidos
Abstracción ← Inteligencia

Mundo
de las concepciones
(múltiple)

Información
Conocimiento

Representación

Interpretación

Mundo
de las representaciones
(múltiple)

Datos

Junio de 2006   Alberto Abelló   21

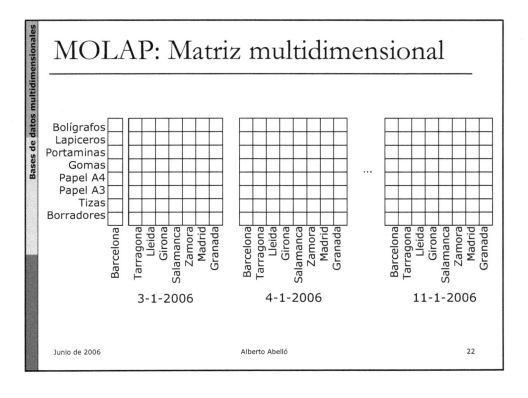

MOLAP: Matriz multidimensional

Bolígrafos
Lapiceros
Portaminas
Gomas
Papel A4
Papel A3
Tizas
Borradores

Barcelona
Tarragona
Lleida
Girona
Salamanca
Zamora
Madrid
Granada

...

3-1-2006   4-1-2006   11-1-2006

Junio de 2006   Alberto Abelló   22

ROLAP: *Star-join*

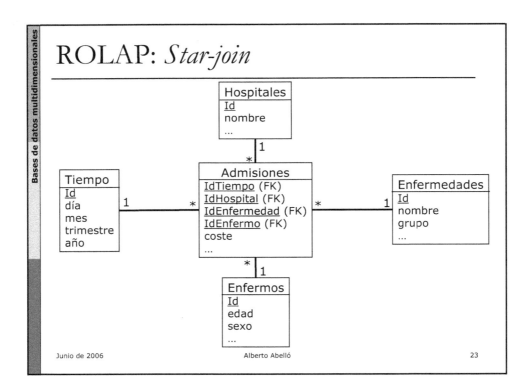

Hospitales
<u>Id</u>
nombre
...

Admisiones
<u>IdTiempo</u> (FK)
<u>IdHospital</u> (FK)
<u>IdEnfermedad</u> (FK)
<u>IdEnfermo</u> (FK)
coste
...

Tiempo
<u>Id</u>
día
mes
trimestre
año

Enfermedades
<u>Id</u>
nombre
grupo
...

Enfermos
<u>Id</u>
edad
sexo
...

Cube-Query

SELECT d_1.atr, ..., d_n.atr, F(h.Medida$_1$), ...
FROM Hecho h, Dimension$_1$ n_1, ..., Dimension$_n$ n_n
WHERE h.key$_1$ = d_1.ID AND ... AND h.key$_n$ = d_n.ID
GROUP BY d_1.atr, ..., d_n.atr
ORDER BY d_1.atr, ..., d_n.atr

Tabla de Resultado

Hospital	Mes	Coste Medio
Duran i Reinals	Enero'06	3300
Duran i Reinals	Febrero'06	4500
Duran i Reinals	...	...
Duran i Reinals	All	4300
Bellvitge	Enero'06	180
Bellvitge	Febrero'06	300
Bellvitge	...	...
Bellvitge	All	200

Características de ROLAP

◻ BD Relacional con vistas multidimensionales
  - Dos niveles: Almacenamiento y Traducción

◻ Utilizan SQL estándar
  - Fáciles de conseguir
  - Independientes del SGBD

◻ Problemas de rendimiento
  - SGBDR pensados para OLTP
  - Faltan operadores OLAP
  - Generan muchas *joins*

◻ Aconsejables para grandes *Data Marts*

Comparación de pasos de diseño

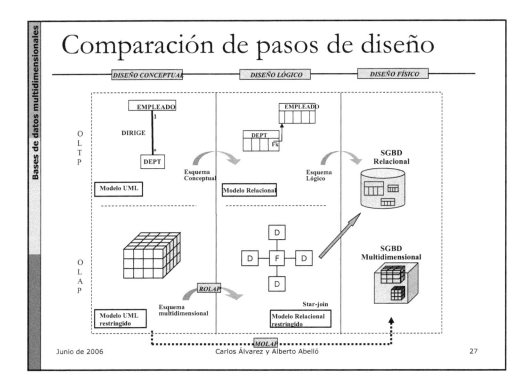

Razones a favor de ROLAP

□ Integración de tecnología ya existente

□ No tiene problemas de escalabilidad

□ Las herramientas de consulta son independientes del SGBD

□ Mejora la eficiencia con codificación y compresión

□ Permite la utilización de paralelismo

□ MOLAP no soporta consultas *adhoc*

□ MOLAP dificulta la actualización de datos

Bases de datos multidimensionales

Razones a favor de MOLAP

□ Las tablas relacionales son antinaturales

□ Las matrices son mucho más eficientes

□ Multidimensionalidad y SQL no encajan

□ ROLAP gana eficiencia con técnicas MOLAP

Operaciones Algebraicas

□ Selección(cubo, predicado)
□ *Roll-Up*(cubo, nivel destino[, funcion agregacion])
□ *Drill-Down*(cubo, nivel destino)
□ Proyección(cubo, medidas que quedan)
□ Cambio de Base(cubo, nueva base)
□ *Drill-Across*(cubo, nuevo hecho)

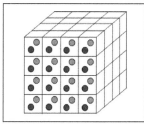

Ejemplo de *Cube-Query* inicial

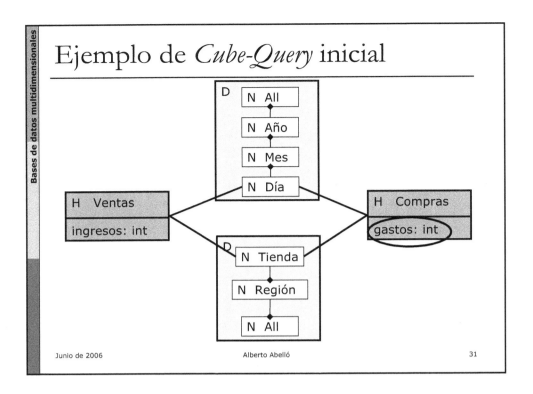

Traducción de la *Cube-Query* inicial

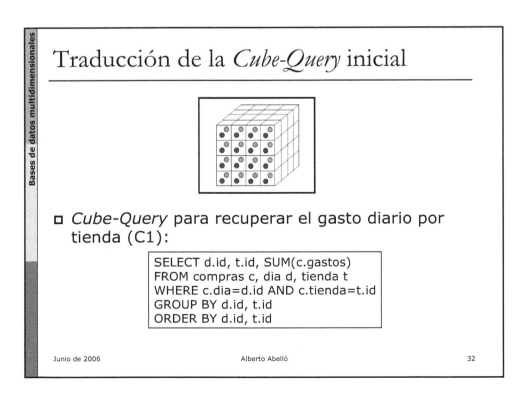

□ *Cube-Query* para recuperar el gasto diario por tienda (C1):

```
SELECT d.id, t.id, SUM(c.gastos)
FROM compras c, dia d, tienda t
WHERE c.dia=d.id AND c.tienda=t.id
GROUP BY d.id, t.id
ORDER BY d.id, t.id
```

Selección

□ Permite escoger el subconjunto de celdas que nos interese de entre todas las del espacio

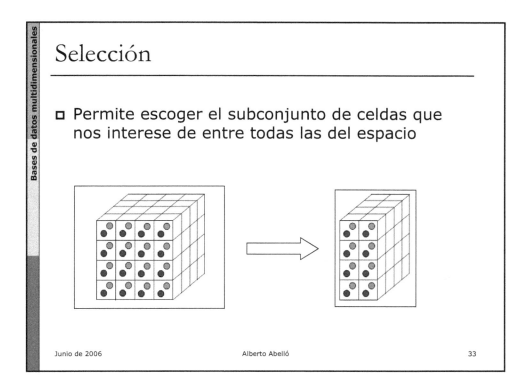

Ejemplo de selección

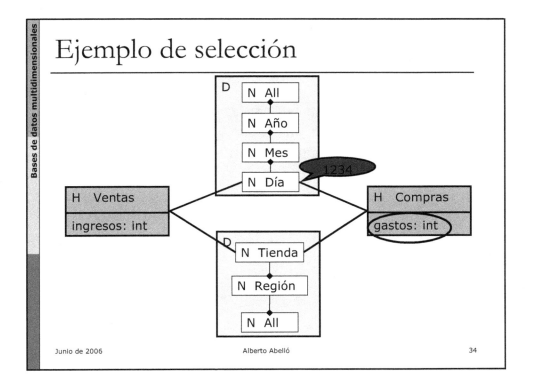

Traducción de la selección

```
SELECT d.id, t.id, SUM(c.gastos)
FROM compras c, dia d, tienda t
WHERE c.dia=d.id AND c.tienda=t.id
GROUP BY d.id, t.id
ORDER BY d.id, t.id
```

- Selección(C1,día="1234"): Añade condiciones al WHERE

```
SELECT d.id, t.id, SUM(c.gastos)
FROM compras c, dia d, tienda t
WHERE c.dia=d.id AND c.tienda=t.id
        AND d.id="1234"
GROUP BY d.id, t.id
ORDER BY d.id, t.id
```

Roll-Up/Drill-Down

- Agrupa/Desagrupa las celdas del cubo basándose en una jerarquía de agregación
- Estas operaciones modifican la granularidad de los datos

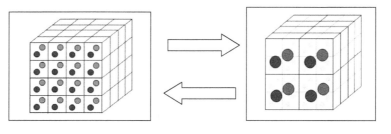

Ejemplo de *Roll-Up* a nivel intermedio

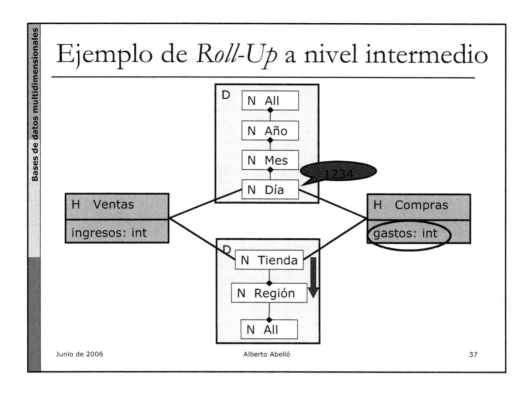

Traducción de *Roll-Up* a nivel intermedio

```
SELECT d.id, t.id, SUM(c.gastos)
FROM compras c, dia d, tienda t
WHERE c.dia=d.id AND c.tienda=t.id
        AND d.id="1234"
GROUP BY d.id, t.id
ORDER BY d.id, t.id
```

❑ *Roll-Up*(C2,Tienda.*Región*): Modifica SELECT, GROUP BY y ORDER BY

```
SELECT d.id, t.región, SUM(c.gastos)
FROM compras c, dia d, tienda t
WHERE c.dia=d.id AND c.tienda=t.id
        AND d.id="1234"
GROUP BY d.id, t.región
ORDER BY d.id, t.región
```

Ejemplo de *Roll-Up* a nivel *All*

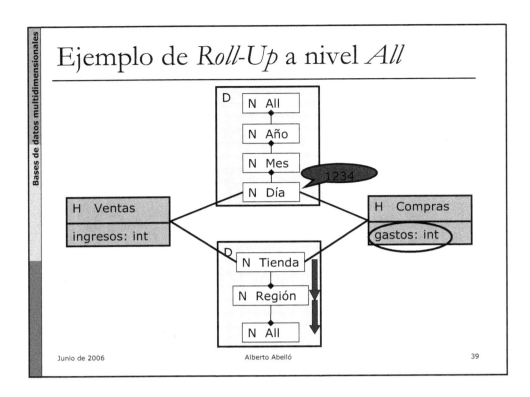

Traducción del *Roll-Up* a nivel *All*

```
SELECT d.id, t.región, SUM(c.gastos)
FROM compras c, dia d, tienda t
WHERE c.dia=d.id AND c.tienda=t.id
       AND d.id="1234"
GROUP BY d.id, t.región
ORDER BY d.id, t.región
```

❑ *Roll-up*(C3,Tienda.*All*): Modifica SELECT, GROUP BY y ORDER BY

```
SELECT d.id, "All", SUM(c.gastos)
FROM compras c, dia d, tienda t
WHERE c.dia=d.id AND c.tienda=t.id
       AND d.id="1234"
GROUP BY d.id ****
ORDER BY d.id ****
```

Cambio de Base

❑ Recoloca exactamente las mismas celdas (instancias) de un cubo en un nuevo espacio n-dimensional con el mismo número de puntos

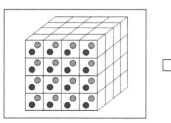 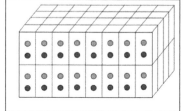

Traducción del Cambio de Base con reordenación

```
SELECT d.id, "All", SUM(c.gastos)
FROM compras c, dia d, tienda t
WHERE c.dia=d.id AND c.tienda=t.id
        AND d.id="1234"
GROUP BY d.id
ORDER BY d.id
```

❑ Cambio de Base (C4,Lugar X *Tiempo*): Reordena atributos de dimensión del SELECT y ORDER BY

```
SELECT "All", d.id, SUM(c.gastos)
FROM compras c, dia d, tienda t
WHERE c.dia=d.id AND c.tienda=t.id
        AND d.id="1234"
GROUP BY d.id
ORDER BY d.id
```

Ejemplo de Cambio de Base con eliminación

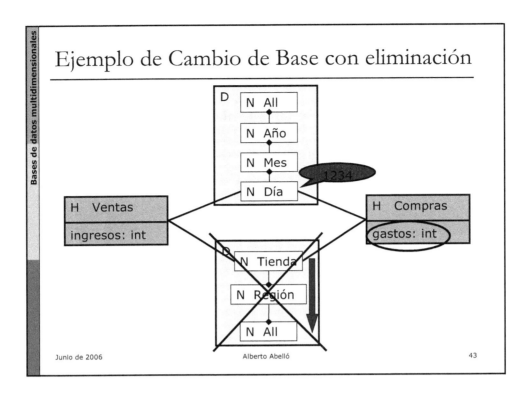

Traducción del Cambio de Base con eliminación

```
SELECT "All", d.id, SUM(c.gastos)
FROM compras c, dia d, tienda t
WHERE c.dia=d.id AND c.tienda=t.id
        AND d.id="1234"
GROUP BY d.id
ORDER BY d.id
```

□ Cambio de Base (C5,*Tiempo*): Elimina atributos de dimensión del
SELECT, GROUP BY y ORDER BY

```
SELECT d.id, SUM(c.gastos)
FROM compras c, dia d ****
WHERE c.dia=d.id ****
        AND d.id="1234"
GROUP BY d.id
ORDER BY d.id
```

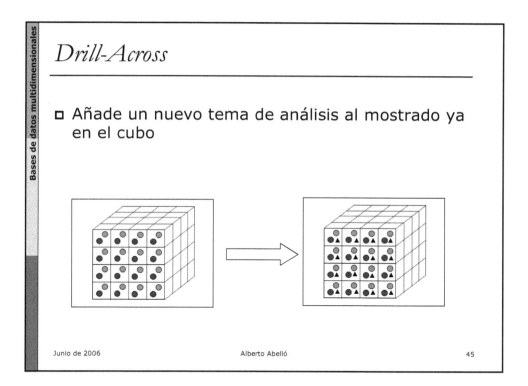

Drill-Across

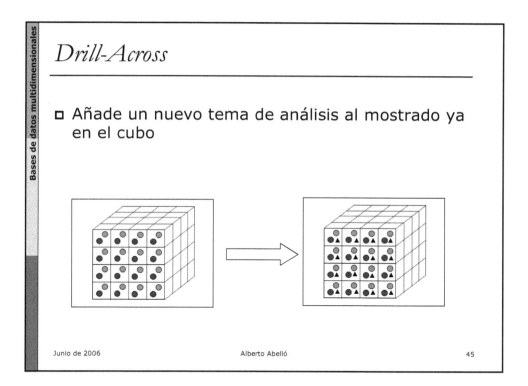

□ Añade un nuevo tema de análisis al mostrado ya en el cubo

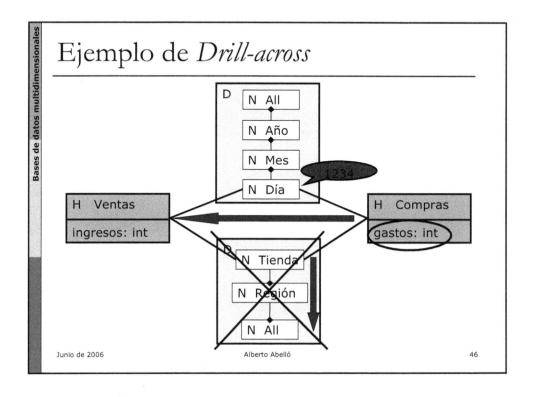

Ejemplo de *Drill-across*

Traducción del *Drill-Across*

```
SELECT d.id, SUM(c.gastos)
FROM compras c, dia d
WHERE c.dia=d.id
        AND d.id="1234"
GROUP BY d.id
ORDER BY d.id
```

❑ *Drill-Across*(C6,ventas): Añade un nuevo hecho al FROM, sus medidas al SELECT y los correspondientes links al WHERE

```
SELECT d.id, SUM(c.gastos), SUM(v.ingresos)
FROM compras c, ventas v, dia d
WHERE c.dia=d.id AND v.dia=d.id
        AND d.id="1234"
GROUP BY d.id
ORDER BY d.id
```

Bases de datos multidimensionales

Proyección

❑ Selecciona un subconjunto de medidas de las disponibles en el cubo

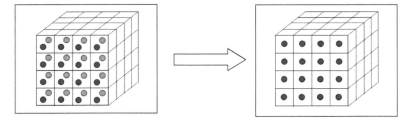

Bases de datos multidimensionales

Ejemplo de Proyección

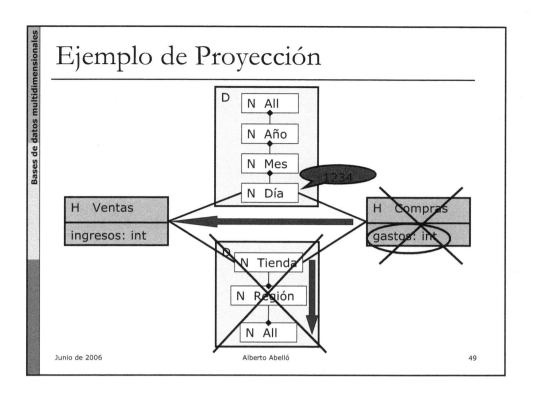

Traducción de la Proyección

```
SELECT d.id, SUM(c.gastos), SUM(v.ingresos)
FROM compras c, ventas v, dia d
WHERE c.dia=d.id AND v.dia=d.id
        AND d.id="1234"
GROUP BY d.id
ORDER BY d.id
```

❑ Proyección(C7, ingresos): Elimina medidas del SELECT

```
SELECT d.id, **** SUM(v.ingresos)
FROM **** ventas v, dia d
WHERE **** v.dia=d.id
        AND d.id="1234"
GROUP BY d.id
ORDER BY d.id
```

Diapositiva resumen

□ Test FASMI

□ Cubo

□ Esquemas

- ■ Estrella
- ■ Copo de nieve
- ■ Galaxia o Constelación

□ *Star-join*

□ Tipos de herramientas

- ■ ROLAP
- ■ MOLAP

□ *Cube-Query*

Bibliografía

□ E. F. Codd, S. B. Codd y C. T. Salley. *Providing OLAP to user-analysts: An IT mandate.* Technical report, E. F. Codd & Associates, 1993

□ R. Kimball, L. Reeves, M. Ross y W. Thornthwaite. *The Data Warehouse lifecycle toolkit*. John Wiley & Sons, 1998

□ J. Tort. *Monografía: Data warehousing/datamining*. Novática, 138, Marzo-Abril 1999

□ N. Pendse. *The OLAP report.* www.olapreport.com/fasmi.htm

Reconsideración del esquema físico

Objetivos

□ Reflexionar sobre el esquema lógico obtenido

□ Identificar algunos problemas habituales
- *Surrogates*
- Abrazos mortales
- Comprobación de restricciones de integridad
- Implementación de restricciones de integridad
- Particionamiento

□ Conocer los factores decisorios para elegir una solución

"In theory, there is no difference between theory and practice. In practice, there is."

Jan L. A. Van de Snepscheut

Tareas básicas del diseño físico

- Adaptación al SGBD
  - Tipos de datos
  - Vistas
  - Restricciones de integridad
  - Abrazos mortales
- Revisión del esquema relacional
  - Particionamiento
- Elección de estructuras físicas
  - Índices
- Pruebas de rendimiento
  - Control de concurrencia
  - Recuperación
  - Ficheros
  - Parámetros del sistema

Criterios

□ Mejora en el rendimiento
- Espacio en memoria y en disco
- Tiempo de procesador
- Tiempo de acceso a disco
- Contención
- Coste de procesos auxiliares

□ Escalabilidad

□ Disponibilidad

□ Integridad

□ Facilidad de administración

Dificultades

□ Usuarios

□ Criterios contrapuestos

□ Recursos limitados

□ Imperfecciones en el SGBD (optimizador)

□ Comunicaciones (red)

Arquitectura ANSI/SPARC

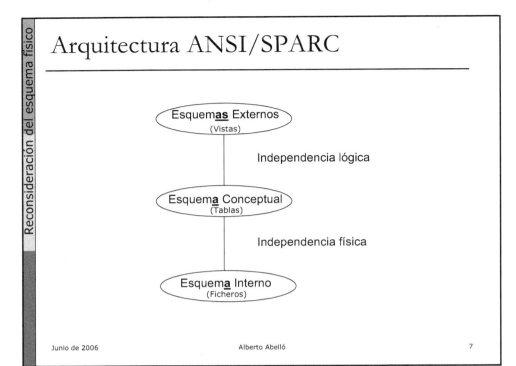

Alberto Abelló

Tablas *vs* vistas

□ Tablas
- Materializadas (datos en disco)

□ Vistas
- No materializadas (definición en el catálogo)
- Recálculo con cada consulta
- En general, no modificables
  □ Una única tabla
  □ Sin agrupaciones
  □ Con la PK

Alberto Abelló

Claves candidatas

□ **Primaria**
- Puede no estar disponible en nuestro SGBD (raro)
- Físicamente genera un árbol (índice B+)

□ **Alternativas**
- No está disponible en el estándar
- NOT NULL + UNIQUE

Surrogates (I)

□ Presentado por E. F. Codd en el RM/T

□ Substituto/Suplente de la clave externa
- No existen atributos identificadores
- Los atributos identificadores cambian
- El tamaño de los atributos identificadores es muy grande

□ Dos tipos:
- De sistema
  - OID
  - RowID (no confundir con el identificador de registro - RID)
- De usuario

Surrogates (II)

CREATE TABLE contador (c INTEGER);

INSERT INTO contador VALUES (0);

SELECT c FROM contador;
UPDATE counter SET c=c+1;

Surrogates en SQL'03

- Dos clases
  - Externos (Ej: Oracle)
  - Internos (Ej: IFX y SQL Server)
    - Siempre se generan
    - Se generan por defecto
- Son de tipo numérico
- Si le pedimos un valor nos devolverá:
    valorActual+n*incremento
  - Siendo "n" un cierto número positivo
  - Siendo "incremento" un valor positivo o negativo
- Puede ser cíclico o tener un valor máximo
- El valor inicial no tiene por qué ser cero

Surrogates en Oracle

```
CREATE SEQUENCE <nombre>
  INCREMENT BY <int>
  START WITH <int>
  ...;

SELECT <nombreSeq>.CURRVAL FROM DUAL;

INSERT INTO <tabla> VALUES
  (<nombreSeq>.NEXTVAL, ...);

DROP SEQUENCE <nomSeq>;
```

❑ Permite varias secuencias en la misma tabla

Abrazo mortal de definición de FK

A.

Dept(dpt,...,jefe)

B.

Empl(dni,...,dpt)

Abrazo mortal de carga de FK

A.

Dept(<u>dpt</u>,..., jefe)
      LSI   1

Empl(<u>dni</u>,..., dpt)
      1   LSI

B.

Implementación de restricciones

1. **En la sentencia de creación de la tabla**
   Normalmente disponible, eficiente, interno y automático
2. **Aserciones**
   Eficiente, interno y automático
3. **PSM**
   1. Disparadores
      Interno y automático
   2. Procedimientos/funciones
      Interno
4. **CLI (Ej: ODBC, JDBC)**
   Siempre disponible
5. **SQL hospedado (Ej: SQLJ)**
   ¿Obsoleto?

Ejemplo de implementación de restricciones

- Restricciones ya reflejadas en el modelo
  - Un empleado es jefe de un o ningún departamento
    El atributo "empl" de la tabla "jefes" es UNIQUE
  - Cada departamento tiene un y sólo un jefe
    1. El atributo "empl" de la tabla "jefes" es FK y NOT NULL
    2. Definimos una aserción que compruebe que todos los departamentos tienen jefe
  - Un empleado pertenece a un y sólo un departamento
    El atributo "dpt" de la tabla empleados se ha definido como FK y NOT NULL
  - Cada departamento tiene al menos un empleado
    Definimos una aserción
- Restricciones no reflejadas en el modelo
  - Un departamento tiene 8 empleados como máximo
    Definimos una aserción
  - Todo jefe pertenece siempre a su propio departamento
    Definimos una aserción

Dept(<u>dpt</u>,...)
Jefes(<u>dpt</u>,empl)
Empl(<u>dni</u>,...,dpt)

Control de restricciones de integridad

- Control externo
  - Informatizado
  - No Informatizado

- Control diferido

Problemas en las restricciones

- Restricciones contradictorias generan tablas/vistas vacías
  - Pueden dar lugar incluso a bases de datos vacías

  CHECK (a<10 AND a>20)

- Restricciones redundantes ralentizan el funcionamiento del SGBD
  1. CHECK (a>10)
  2. CHECK (a>20)

Propiedades lógicas

- *Schema-satisfiability*: Un esquema lo es, si existe al menos <u>un estado</u> de la BD que contiene alguna tupla y donde se cumplen todas las RI (consistente)
- *Liveliness*: Una tabla/vista lo es, si existe <u>un estado</u> consistente de la BD donde la tabla/vista tiene tuplas
- *Redundancy*: Una RI lo es, si la consistencia de la BD no depende de ella (ninguna de las tuplas que intenta impedir puede llegar a existir nunca)
- *State-reachability*: Un cierto conjunto de tuplas lo es, si existe al menos <u>un estado</u> consistente de la BD en el que existen esas tuplas (y posiblemente otras)
- *Query containment* (*subsumption*): Una consulta Q1 está contenida en otra Q2, si el conjunto de tuplas de Q1 está siempre contenido dentro del conjunto de tuplas de Q2 para <u>todo estado</u> consistente de la BD

Ejemplo de *Schema-satifiability*

```
CREATE TABLE empleados (
    dni CHAR(9) PRIMARY KEY,
    dpt VARCHAR(4) NOT NULL                              );


CREATE TABLE departamentos (
    id VARCHAR(4) PRIMARY KEY,
    nombre VARCHAR(100) NOT NULL,
    sueldoBase INT                ,
    CONSTRAINT ckMinSueldo CHECK (sueldoBase>2000),
    CONSTRAINT ckMaxSueldo CHECK (sueldoBase<1000));
```

Ejemplo de *Liveliness*

```
CREATE TABLE departamentos (
    id VARCHAR(4) PRIMARY KEY,
    nombre VARCHAR(100) NOT NULL,
    sueldoBase INT NOT NULL,
    CONSTRAINT ckMinSueldo CHECK (sueldoBase>2000));

CREATE TABLE empleados (
    dni CHAR(9) PRIMARY KEY,
    dpt VARCHAR(4)                REFERENCES departamentos (id));

CREATE VIEW noAsignados AS (
    SELECT *
    FROM empleados e
    WHERE NOT EXISTS (        SELECT *
                             FROM departamentos d
                             WHERE d.id=e.dpt));
```

Ejemplo de *Redundancy*

```
CREATE TABLE departamentos (
    id VARCHAR(4) PRIMARY KEY,
    nombre VARCHAR(100) NOT NULL,
    sueldoBase INT NOT NULL,
    CONSTRAINT ckMinSueldo CHECK (sueldoBase>2000),
    CONSTRAINT ckDeptNombre CHECK (id<>'LSI'));


CREATE TABLE empleados (
    dni CHAR(9) PRIMARY KEY,
    dpt VARCHAR(4) NOT NULL REFERENCES departamentos (ID),
    CONSTRAINT ckEmpNombre CHECK (dpt<>'LSI'));
```

Ejemplo de *State-reachability*

```
CREATE TABLE departamentos (
    id VARCHAR(4) PRIMARY KEY,
    nombre VARCHAR(100) NOT NULL,
    sueldoBase INT NOT NULL,
    CONSTRAINT ckMinSueldo CHECK (sueldoBase>2000));


CREATE TABLE empleados (
    dni CHAR(9) PRIMARY KEY,
    dpt VARCHAR(4) NOT NULL REFERENCES departamentos (ID));
```

Empleados(dni	dpt);	Departamentos(id	nombre	sueldoBase)
1	LSI	LSI	Lleng...	10000
2	AC			

Ejemplo de *Query Containment* (I)

A: SELECT *
FROM departamentos
WHERE sueldoBase>5000;

B: SELECT *
FROM departamentos
WHERE sueldoBase>6000;

Ejemplo de *Query Containment* (II)

A: SELECT *
FROM departamentos
WHERE sueldoBase>5000;

B: SELECT *
FROM departamentos
WHERE sueldoBase>5000 AND nombre>'M';

Cuantificación de... críticos

- Procesos
  - Razones:
    - Larga duración
    - Ejecución frecuente
    - Tiempo de ejecución acotado
  - Soluciones:
    - Indexar
    - Desnormalizar
    - Implementación de algoritmos
- Volúmenes
  - Razones:
    - Históricos
  - Soluciones:
    - Particionamiento

Particionamiento

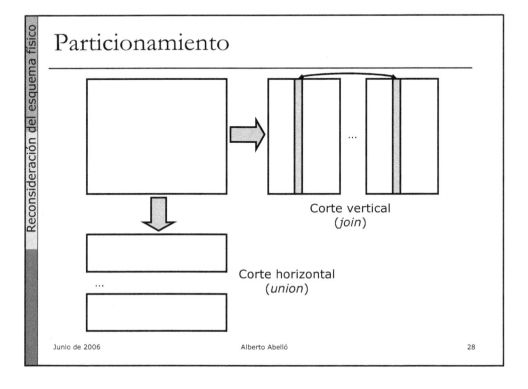

Corte vertical
(*join*)

Corte horizontal
(*union*)

Particionamiento vertical

- ❏ Ámbitos de especial utilidad
  - ■ Generalización/Especialización
    - ❏ *Outer join*
  - ■ Consulta parcial de atributos
    - ❏ *Inner join*
  - ■ Privacidad
- ❏ Ventajas
  - ■ Mejora el ratio de datos útiles leídos
  - ■ Reduce la contención
  - ■ Facilita la recuperación y paralelismo
- ❏ Inconvenientes
  - ■ Necesita hacer joins
  - ■ Aumenta el número de índices
  - ■ Empeora el tiempo de actualización
  - ■ Aumenta el espacio ocupado por los datos

Junio de 2006   Alberto Abelló   29

Particionamiento horizontal

- ❏ Ámbitos de especial utilidad
  - ■ Gran volumen de datos
    - ❏ Históricos
  - ■ Bases de datos distribuidas
  - ■ Privacidad
- ❏ Ventajas
  - ■ Facilita la recuperación y paralelismo
  - ■ Reduce los niveles en los índices
  - ■ Reduce la contención
- ❏ Inconvenientes
  - ■ Dificulta la programación
  - ■ Aumenta el número de índices
  - ■ Necesita hacer uniones

Junio de 2006   Alberto Abelló   30

Particicionamiento en Oracle 9i

□ Por rango

```
CREATE TABLE ptest3a ( col1a number, col2a varchar2(200), col3a
    varchar2(200) )
PARTITIO BY RANGE (col1a) (
    PARTITION p1 VALUES LESS THAN (1001),
    PARTITION p2 VALUES LESS THAN (2001),
    ...
    PARTITION pm VALUES LESS THAN (maxvalue) );
```

□ Por lista

```
CREATE TABLE employees ( id NUMBER(10), name VARCHAR2(20),
    country VARCHAR2(30) )
PARTITION BY LIST (country) (
    PARTITION europe VALUES ('ENGLAND', 'FRANCE', 'ITALY',
            'SWITZERLAND'),
    PARTITION america VALUES ('AMERICA'),
    PARTITION unknown VALUES (NULL) );
```

Particicionamiento en Oracle 9i

□ Dispersión

```
CREATE TABLE ptest3a ( col1a number, col2a
    varchar2(200), col3a varchar2(200) )
    PARTITION BY HASH (col1a) PARTITIONS 4;
```

□ Compuestos:

■ Range-Hash

```
CREATE TABLE ptest2 ( col1 number, col2 varchar2(200), col3
    varchar2(200) )
PARTITION BY RANGE (col1)
    SUBPARTITION BY HASH (col2) SUBPARTITIONS 4 (
            PARTITION p1 VALUES LESS THAN (1001),
            PARTITION p2 VALUES LESS THAN (2001),
            ...
            PARTITION pm VALUES LESS THAN (maxvalue)
    );
```

■ Range-List

Diapositiva resumen

- ☐ Tareas básicas del diseño físico
- ☐ Arquitectura ANSI/SPARC
- ☐ *Surrogates*
- ☐ Abrazo mortal
  - ■ de definición de FK
  - ■ de carga de FK
- ☐ Restricciones de integridad
- ☐ Cuantificación de… críticos
- ☐ Particionamiento

Bibliografía

- ❑ Jaume Sistac, y otros. *Disseny de bases de dades*. Editorial UOC, 2002. Col·lecció Manuals, número 43.

Agregación

Objetivos

- Utilizar las extensiones de SQL'99 para análisis multidimensional
- Conocer las condiciones necesarias de sumarizabilidad
- Conocer la utilidad de la materialización de vistas
- Seleccionar un conjunto de vistas para materializarlas

Cross-tab

Ventas	Catalunya		
	Enero02	Febrero02	Total
Bolígrafos	275827	290918	566745
Gomas	784172	918012	1702184
Total	1059999	1208930	2268929

SQL-92: Consulta multidimensional

Ventas	Catalunya		
	Ener'02	Febrero02	Total
Bolígrafos	275827	290918	566745
Gomas	784172	918012	1702184
Total	1059999	1208930	2268929

```
SELECT d1.nombre_articulo, d2.región, d3.mesAño, SUM(h.articulos)
FROM Ventas h, Producto d1, Lugar d2, Tiempo d3
WHERE h.IDProducto=d1.ID AND h.IDLugar=d2.ID
        AND h.IDTiempo=d3.ID
        AND d1.nombre_articulo IN ('Bolígrafos','Gomas')
        AND d2.región='Catalunya'
        AND d3.mesAño IN ('Enero02','Febrero02')
GROUP BY d1.nombre_articulo, d2.región, d3.mesAño
UNION
SELECT d1.nombre_articulo, d2.región, 'Total', SUM(h.articulos)
FROM Ventas h, Producto d1, Lugar d2, Tiempo d3
WHERE h.IDProducto=d1.ID AND h.IDLugar=d2.ID
        AND h.IDTiempo=d3.ID
        AND d1.nombre_articulo IN ('Bolígrafos','Gomas')
        AND d2.región='Catalunya'
        AND d3.mesAño IN ('Enero02','Febrero02')
GROUP BY d1.nombre_articulo, d2.región
UNION
SELECT 'Total', d2.región, d3.mesAño, SUM(h.articulos)
FROM Ventas h, Producto d1, Lugar d2, Tiempo d3
WHERE h.IDProducto=d1.ID AND h.IDLugar=d2.ID
        AND h.IDTiempo=d3.ID
        AND d1.nombre_articulo IN ('Bolígrafos','Gomas')
        AND d2.región='Catalunya'
        AND d3.mesAño IN ('Enero02','Febrero02')
GROUP BY d2.región, d3.mesAño
UNION
SELECT 'Total', d2.región, 'Total', SUM(h.articles)
FROM Ventas h, Producto d1, Lugar d2, Tiempo d3
WHERE h.IDProducto=d1.ID AND h.IDLugar=d2.ID
        AND h.IDTiempo=d3.ID
        AND d1.nombre_articulo IN ('Bolígrafos','Gomas')
        AND d2.región='Catalunya'
        AND d3.mesAño IN ('Enero02','Febrero02')
GROUP BY d2.región
ORDER BY d1.nombre_articulo, d2.región, d3.mesAño;
```

SQL-99: GROUPING SETS (I)

Ventas	Catalunya		
	Enero'02	Febrero'02	Total
Bolígrafos	275827	290918	566745
Gomas	784172	918012	1702184
Total	1059999	1208930	2268929

SELECT d1.nombre_articulo, d2.región, d3.mesAño, SUM(h.articulos)
FROM Ventas h, Producto d1, Lugar d2, Tiempo d3
WHERE h.IDProducto=d1.ID AND h.IDLugar=d2.ID AND h.IDTiempo=d3.ID
        AND d1.nombre_articulo IN ('Bolígrafos','Gomas')
        AND d2.región='Catalunya'
        AND d3.mesAño IN ('Enero02','Febrero02')
GROUP BY GROUPING SETS ((d1.nombre_articulo, d2.región, d3.mesAño),
                        (d1.nombre_articulo, d2.región),
                        (d2.región, d3.mesAño)
                        (d2.región))
    ORDER BY d1.nombre_articulo, d2.región, d3.mesAño;

Junio de 2006   Alberto Abelló   5

SQL-99: GROUPING SETS (II)

SELECT d1.nombre_articulo, d2.región, d3.mesAño, SUM(h.articulos)
FROM Ventas h, Producto d1, Lugar d2, Tiempo d3
WHERE h.IDProducto=d1.ID AND h.IDLugar=d2.ID AND h.IDTiempo=d3.ID
        AND d1.nombre_articulo IN ('Bolígrafos','Gomas') AND d2.región='Catalunya'
        AND d3.mesAño IN ('Enero02','Febrero02')
GROUP BY GROUPING SETS ((d1.nombre_articulo, d2.región, d3.mesAño),
                        (d1.nombre_articulo, d2.región),
                        (d2.región, d3.mesAño)
                        (d2.región))
ORDER BY d1.nombre_articulo, d2.región, d3.mesAño;

nombre_articulo	región	mesAño	artículos
Bolígrafos	Catalunya	Enero02	275827
Bolígrafos	Catalunya	Febrero02	290918
Bolígrafos	Catalunya	NULL	566745
Gomas	Catalunya	Enero02	784172
Gomas	Catalunya	Febrero02	918012
Gomas	Catalunya	NULL	1702184
NULL	Catalunya	Enero02	1059999
NULL	Catalunya	Febrero02	1208930
NULL	Catalunya	NULL	2268929

Junio de 2006   Alberto Abelló   6

SQL-99: Significado del valor nulo

```
SELECT
    CASE WHEN GROUPING(d1.nombre_articulo)=1 THEN 'TotalDeBoligrafosYGomas'
        ELSE d1.nombre_articulo,
    d2.región,
    CASE WHEN GROUPING(d3.mesAño)=1 THEN 'TotalDeEneroYFebrero'
        ELSE d3.mesAño,
    SUM(h.articulos)
FROM Ventas h, Producto d1, Lugar d2, Tiempo d3
```
...

nombre_articulo	región	mesAño	Articulos
Bolígrafos	Catalunya	Enero02	275827
Bolígrafos	Catalunya	Febrero02	290918
Bolígrafos	Catalunya	TotalDeEneroYFebrero	566745
Gomas	Catalunya	Enero02	784172
Gomas	Catalunya	Febrero02	918012
Gomas	Catalunya	TotalDeEneroYFebrero	1702184
TotalDeBoligrafosYGomas	Catalunya	Enero02	1059999
TotalDeBoligrafosYGomas	Catalunya	Febrero02	1208930
TotalDeBoligrafosYGomas	Catalunya	TotalDeEneroYFebrero	2268929

SQL-99: ROLLUP (I)

GROUP BY ROLLUP $(a_1,..,a_n)$

equivale a

GROUP BY GROUPING SETS ($(a_1,..,a_n)$,

                $(a_1,..,a_{n-1})$,

                ...

                (a_1),

                ())

SQL-99: ROLLUP (II)

SELECT d1.nombre_articulo, d2.región, d3.mesAño, SUM(h.articulos)
FROM Ventas h, Producto d1, Lugar d2, Tiempo d3
WHERE h.IDProducto=d1.ID AND h.IDLugar=d2.ID AND h.IDTiempo=d3.ID
    AND d1.nombre_articulo IN ('Bolígrafos','Gomas') AND d2.región='Catalunya'
    AND d3.mesAño IN ('Enero02','Febrero02')
GROUP BY ROLLUP (d2.región, d1.nombre_articulo, d3.mesAño)
ORDER BY d2.región, d3.mesAño, d1.nombre_articulo;

nombre_articulo	región	mesAño	articulos
Bolígrafos	Catalunya	Enero02	275827
Gomas	Catalunya	Enero02	784172
Bolígrafos	Catalunya	Febrero02	290918
Gomas	Catalunya	Febrero02	918012
Bolígrafos	Catalunya	NULL	566745
Gomas	Catalunya	NULL	1702184
NULL	Catalunya	NULL	2268929
NULL	NULL	NULL	2268929

SQL-99: ROLLUP (III)

SELECT d1.nombre_articulo, d2.región, d3.mesAño, SUM(h.articulos)
FROM Ventas h, Producto d1, Lugar d2, Tiempo d3
WHERE h.IDProducto=d1.ID AND h.IDLugar=d2.ID AND h.IDTiempo=d3.ID
    AND d1.nombre_articulo IN ('Bolígrafos','Gomas') AND d2.región='Catalunya'
    AND d3.mesAño IN ('Enero02','Febrero02')
GROUP BY d2.región, ROLLUP (d1.nombre_articulo, d3.mesAño)
ORDER BY d2.región, d3.mesAño, d1.nombre_articulo;

nombre_articulo	región	mesAño	articulos
Bolígrafos	Catalunya	Enero02	275827
Gomas	Catalunya	Enero02	784172
Bolígrafos	Catalunya	Febrero02	290918
Gomas	Catalunya	Febrero02	918012
Bolígrafos	Catalunya	NULL	566745
Gomas	Catalunya	NULL	1702184
NULL	Catalunya	NULL	2268929

SQL-99: CUBE (I)

SELECT d1.nombre_articulo, d2.región, d3.mesAño, SUM(h.articulos)
FROM Ventas h, Producto d1, Lugar d2, Tiempo d3
WHERE h.IDProducto=d1.ID AND h.IDLugar=d2.ID AND h.IDTiempo=d3.ID
    AND d1.nombre_articulo IN ('Bolígrafos','Gomas') AND d2.región='Catalunya'
    AND d3.mesAño IN ('Enero02','Febrero02')
GROUP BY d2.región, CUBE (d1.nombre_articulo, d3.mesAño)
ORDER BY d1.nombre_articulo, d2.región, d3.mesAño;

nombre_articulo	región	mesAño	artículos
Bolígrafos	Catalunya	Enero02	275827
Bolígrafos	Catalunya	Febrero02	290918
Bolígrafos	Catalunya	NULL	566745
Gomas	Catalunya	Enero02	784172
Gomas	Catalunya	Febrero02	918012
Gomas	Catalunya	NULL	1702184
NULL	Catalunya	Enero02	1059999
NULL	Catalunya	Febrero02	1208930
NULL	Catalunya	NULL	2268929

SQL-99: CUBE (II)

SQL-99: CUBE (III)

```
        GROUP BY CUBE (a,b,c)
equivale a
        GROUP BY GROUPING SETS (    (a,b,c),
                                    (a,b),
                                    (a,c),
                                    (b,c),
                                    (a),
                                    (b),
                                    (c),
                                    ());
```

SQL-99: Combinaciones

```
        GROUP BY CUBE(a,b), ROLLUP(c,d)
es equivalente a
        GROUP BY GROUPING SETS (    (a,b,c,d),
                                    (a,b,c),
                                    (a,b),
                                    (a,c,d),
                                    (a,c),
                                    (a),
                                    (b,c,d),
                                    (b,c),
                                    (b),
                                    (c,d),
                                    (c),
                                    ())
```

Problemas de agregación (I)

	1994	1995	1996	Total
Informática	15	17	13	28
Estadística	10	15	11	21
Total	25	32	24	49

Número de estudiantes por departamento y año
asumiendo que los estudiantes siguen un programa bienal

Problemas de agregación (II)

	1994	1995	1996	Total
Informática	15	17	13	28
Estadística	10	15	11	21
Total	23	30	24	49

Número de estudiantes por departamento y año
asumiendo que los estudiantes siguen un programa
bienal en el que pueden hacer cursos
interdepartamentales

Problemas de agregación (III)

	1994	1995	1996	Total
Barcelona	5	6	3	14
Tarragona	1	0	1	2
Lleida	0	2	1	3
Girona	3	5	6	14
Catalunya	20	23	22	65

Número de accidentes mortales por capital de provincia y año

Problemas de agregación (IV)

	Estado	Acumulativo	Valor/Unidad
min	OK	OK	OK
max	OK	OK	OK
sum	NO	OK	NO
avg	OK	OK	OK
range	OK	OK	OK

Compatibilidad entre tipo de atributo y función estadística, para la dimensión temporal

Problemas de agregación (V)

	Estado	Acumulativo	Valor/Unidad
min	OK	OK	OK
max	OK	OK	OK
sum	OK	OK	NO
avg	OK	OK	OK
range	OK	OK	OK

Compatibilidad entre tipo de atributo y función
estadística, para dimensiones NO temporales

Para que las consultas vayan rápidas...

- ☐ Construir estructuras de acceso
  - ▪ Índices
    - ☐ Menos atributos
    - ☐ Igual número de entradas que de tuplas
    - ☐ Ocupa menos que la tabla
    - ☐ Menos E/S para recorrerlo
      - ▪ Útil para factores de selectividad cercanos a cero (muy selectivos)

- ☐ Precalcular tanto como sea posible
  - ▪ "Tabla auxiliar"
    - ☐ Menos atributos
    - ☐ Menos tuplas
      - ▪ Sólo las que cumplan la condición de la consulta
      - ▪ Sólo una para cada combinación de atributos en el GROUP BY
    - ☐ Ocupa menos que la tabla original
    - ☐ Menos E/S para recorrerla

Problemas del precálculo

- ❑ Coste
  - ■ Espacio
  - ■ Tiempo
    - ❑ Frecuencia de consulta *vs* de modificación
- ❑ Control de inconsistencias y reescritura
  - ■ Usar disparadores
    - ❑ Ventajas
      - ▪ Flexible
      - ▪ Podemos rescribir cualquier consulta
      - ▪ Posiblemente eficiente
    - ❑ Inconvenientes
      - ▪ Complica la gestión (administración de tablas y carga de datos)
      - ▪ Se ha de implementar la reescritura de cada consulta
        - ▪ El usuario está limitado a nuestra herramienta de reescritura
  - ■ Usar vistas materializadas
    - ❑ Tabla   -> Datos en disco
    - ❑ Vista   -> Definición en disco
    - ❑ Vista materializada   -> Datos y definición en disco

Vistas y modificaciones

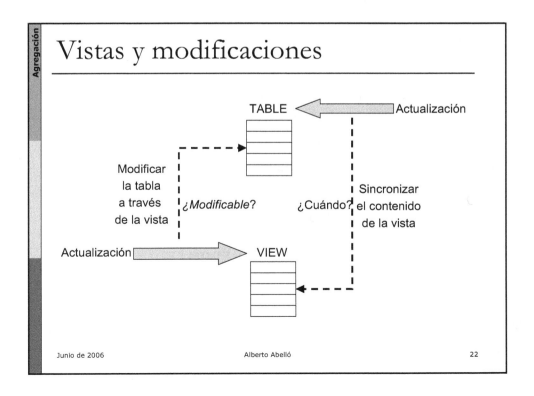

Vistas materializadas en Oracle (I)

□ Momento de actualización:
- ON COMMIT
- ON DEMAND
- NEXT

□ Procedimiento de actualización:
- COMPLETE
- FAST
- FORCE (escoge entre COMPLETE y FAST)
- NEVER

Vistas Materializadas en Oracle (II)

```
CREATE MATERIALIZED VIEW <name>
[BUILD {INMEDIATE|DEFERRED}]
[REFRESH
  [{NEVER|FAST|COMPLETE|FORCE}]
  [ON DEMAND|ON COMMIT|NEXT <date>}]]
[FOR UPDATE]
[{DISABLE|ENABLE} QUERY REWRITE]
AS <query>;
```

Reescritura de consultas

Tengo

```
CREATE MATERIALIZED VIEW ventas_en_euros ENABLE QUERY REWRITE
AS
    SELECT d1.ciudad, d2.producto, SUM(f.euros) AS sum_euros,
        COUNT(*) AS contador_ventas
    FROM ventas f, tiendas d1, productos d2
    WHERE f.tiendaId = d1.Id AND f.productoId = d2.Id
    GROUP BY d1.ciudad, d2.producto;
```

Quiero

```
SELECT d1.ciudad, d2.producto, AVG(f.euros) AS avg_ventas
FROM ventas f, tiendas d1, productos d2
WHERE f.tiendaId = d1.Id AND f.productoId = d2.Id
GROUP BY CUBE(d1.ciudad, d2.producto);
```

Obtengo

```
SELECT d1.ciudad, d2.producto, SUM(sum_euros)/SUM(contador_ventas) AS avg_ventas
FROM ventas_en_euros
GROUP BY CUBE (d1.ciudad, d2.producto);
```

☐ El problema general de cuándo se puede rescribir una consulta respecto a una vista materializada es computacionalmente complejo

☐ Los SGBD se restringen a los casos más comunes mediante reglas

---

Compromiso de materialización

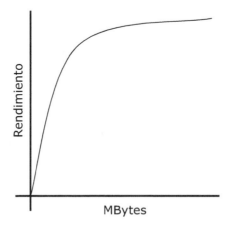

¿Es suficiente la *Update Window*?

Explosión combinatoria de la agregación

- Cuanto más dispersas estén las tuplas básicas (proporcionalmente) más espacio ocuparán los agregados.
  - Doce días por año, pueden generar doce meses por año

- Escoger la mejor combinación de vistas para materializar es NP-complejo
  - Una tabla de hechos con m tablas de dimensión con n niveles de agregación (incluyendo el atómico y *All*) cada una, generaría n^m posibles vistas materializadas

---

Soluciones a la explosión combinatoria

A. A ojo (reglas heurísticas):
- Materializar una vista sólo si cada tupla resulta de la agregación de al menos 10
- Materializar los primeros niveles de agregación
  - Reducen algo el tamaño y resuelven muchas consultas
- Materializar los últimos niveles de agregación
  - Son muy consultados

B. Algoritmo voraz (garantiza un 63% mínimo de mejora):
1. Hacer
   a. Ordenar las vistas candidatas según su utilidad
      - V es útil, si resuelve una consulta:
        - Frecuente
        - Muy costosa
      - V no es útil, si la consulta que resuelve puede resolverse fácilmente con otra vista más útil
   b. Materializa la primera vista candidata
   Mientras haya espacio y tiempo para materializar vistas
- Modificar el conjunto de vistas materializadas conforme evolucionen las necesidades de los usuarios

Utilidad de una vista materializada

Consulta crítica

```
SELECT d2.producto, AVG(f.euros) AS avg_ventas
FROM ventas f, productos d2
WHERE f.productoId = d2.Id
GROUP BY d2.producto;
```

Útil

```
CREATE MATERIALIZED VIEW ventas_en_euros ENABLE QUERY REWRITE
AS
    SELECT d1.ciudad, d2.producto, SUM(f.euros) AS sum_euros, COUNT(*) AS contador_ventas
    FROM ventas f, tiendas d1, productos d2
    WHERE f.tiendaId = d1.Id AND f.productoId = d2.Id
    GROUP BY d1.ciudad, d2.producto;
```

Inútil

```
CREATE MATERIALIZED VIEW ventas_en_euros_por_ciudad ENABLE QUERY REWRITE
AS
    SELECT d1.ciudad, SUM(f.euros) AS sum_euros, COUNT(*) AS contador_ventas
    FROM ventas f, tiendas d1
    WHERE f.tiendaId = d1.Id
    GROUP BY d1.ciudad;
```

Ejemplo de selección de vistas (I)

- D=1seg
- C=0seg
- B_{Ventas}=5000

Ventas(<u>Vendedor,Cliente,Tiempo</u>,Monto)

- En cada agregación el número de tuplas se divide por 10
  - Excepto el nivel más alto que tiene una única tupla y ocupa un bloque
- Los 4 atributos ocupan lo mismo
- El promedio de información de control por tupla ocupa lo mismo que un atributo
- La frecuencia de las consultas es:
  - CT: 5%
  - VT: 5%
  - C: 30%
  - T: 20%
  - (): 40%
- No disponemos de ningún índice
- Tenemos un número ilimitado de páginas de memoria
- El tiempo de la *update window* es ilimitado
- Tenemos 5800 bloques de disco disponibles

Ejemplo de selección de vistas (II)

Coste si no materializo ninguna vista:
- Tiempo: 5000 seg/consulta
- Espacio: 5000 bloques

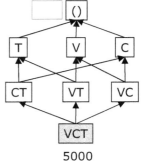

5000

	CT (5%)	VT (5%)	C (30%)	T (20%)	() (40%)	Total
CT	400	5000	400	400	400	630
VT	5000	400	5000	400	400	2010
VC	5000	5000	400	5000	400	1780
T	5000	5000	5000	30	30	2018
V	5000	5000	5000	5000	30	3012
C	5000	5000	30	5000	30	1521
()	5000	5000	5000	5000	1	3000,4

Ejemplo de selección de vistas (III)

Coste si materializo CT:
- Tiempo: 630 seg/consulta
- Espacio: 5400 bloques

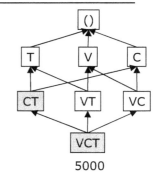

5000

	CT (5%)	VT (5%)	C (30%)	T (20%)	() (40%)	Total
VT	400	400	400	400	400	400
VC	400	5000	400	400	400	630
T	400	5000	400	30	30	408
V	400	5000	400	400	30	482
C	400	5000	30	400	30	371
()	400	5000	400	400	1	470,4

Ejemplo de selección de vistas (IV)

Coste si materializo CT y C:
- Tiempo: 371 seg/consulta
- Espacio: 5430 bloques

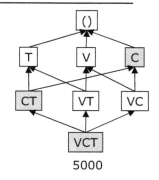

	CT (5%)	VT (5%)	C (30%)	T (20%)	() (40%)	Total
T	400	5000	30	30	30	297
V	400	5000	30	400	30	371
()	400	5000	30	400	1	359,4

5000

Ejemplo de selección de vistas (V)

Coste si materializo CT, C y T:
- Tiempo: 297 seg/consulta
- Espacio: 5460 bloques

	CT (5%)	VT (5%)	C (30%)	T (20%)	() (40%)	Total
V	400	5000	30	30	30	297
()	400	5000	30	30	1	285,4

5000

Coste si materializo CT, C, T y ():
- Tiempo: 285'4 seg/consulta
- Espacio: 5461 bloques

Diapositiva resumen

- SQL-99
  - GROUPING SETS
  - ROLLUP
  - CUBE
- Problemas de agregación (condiciones de sumarizabilidad)
- Preagregación
- Selección de vistas para materializar

Bibliografía

- J. Sistac. *Sistemes de Gestió de Bases de Dades*. Editorial UOC, 2002.
- H. J. Lenz y A. Shoshani. *Summarizability in OLAP and statistical databases*. En *Proceedings of SSDBM'1997*. IEEE, 1997.
- OLAP Report: Database explosion. www.olapreport.com, agosto 2003

Optimización
de
consultas

Objetivos

- Conocer los principales pasos de la optimización de consultas:
  - Semántica
  - Sintáctica
  - Física
- Entender la utilidad de las diferentes estructuras de datos
- Entender los diferentes caminos de acceso y los costes que implican
- Encontrar el mejor plan de acceso para una consulta dada (siguiendo el proceso típico de un optimizador)

Consideraciones generales

- La optimización es el último paso en el procesamiento de consultas
- La entrada para la optimización es una consulta SQL sobre tablas, sintácticamente correcta y autorizada
- La salida de la optimización es el algoritmo que debe seguir el SGBD para obtener el resultado (plan de acceso)
- El objetivo es minimizar el uso de recursos
- En general, el SGBD no obtiene el óptimo, pero se aproxima (en un tiempo razonable)

Arquitectura

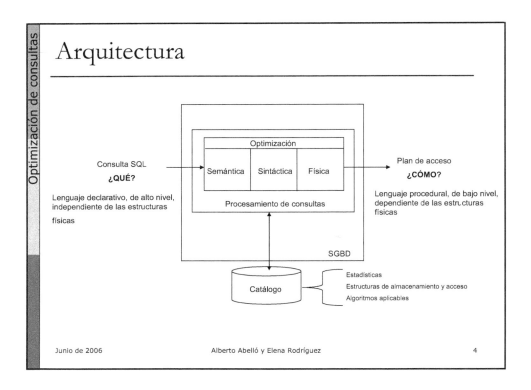

Optimización semántica

Consiste en transformar la sentencia SQL en otra equivalente y de menor coste, mediante:

□ Restricciones de integridad
□ Leyes de la lógica

Ejemplos de optimización semántica

```
CREATE TABLE alumnos (
    dni CHAR(8) PRIMARY KEY,
    nota FLOAT CHECK (nota>3)
    );
```

```
            SELECT *
            FROM alumnos
            WHERE nota<2;

            SELECT *
            FROM alumnos
            WHERE nota<6 AND nota>8;

            SELECT *
            FROM alumnos
            WHERE nota<6
                    AND nota<7;
```

Ejemplos de optimización semántica (ORACLE)

```
SELECT *
FROM empleados e, departamentos d
WHERE e.dpt=d.codigo AND d.codigo>5;
```

```
SELECT *
FROM empleados e, departamentos d
WHERE e.dpt=d.codigo AND d.codigo>5
        AND e.dpt>5;
```

Ejemplos de optimización semántica (DB2)

```
SELECT *
FROM alumnos
WHERE nota=5 OR nota=6;
```

```
SELECT *
FROM alumnos
WHERE nota IN [5, 6];
```

Optimización Sintáctica

Consiste en traducir la sentencia SQL a una secuencia de operaciones de álgebra relacional en forma de árbol sintáctico, que tenga el menor coste posible, mediante reglas heurísticas (la solución no es única)

□ Nodos
  - Internos: Operaciones
  - Hojas: Tablas
  - Raíz: Resultado
□ Aristas
  - Denotan utilización directa

Nodos internos en el árbol sintáctico

Unión

Diferencia

Intersección

Producto cartesiano

Selección

Proyección

Combinación (*join*)

Ejemplo de optimización sintáctica

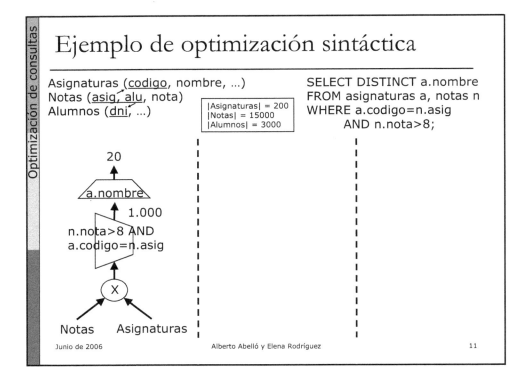

Asignaturas (codigo, nombre, ...)
Notas (asig, alu, nota)
Alumnos (dni, ...)

|Asignaturas| = 200
|Notas| = 15000
|Alumnos| = 3000

SELECT DISTINCT a.nombre
FROM asignaturas a, notas n
WHERE a.codigo=n.asig
        AND n.nota>8;

20

a.nombre

1.000

n.nota>8 AND
a.codigo=n.asig

X

Notas   Asignaturas

Reglas de equivalencia (I)

□ Separación/Agrupación de selecciones

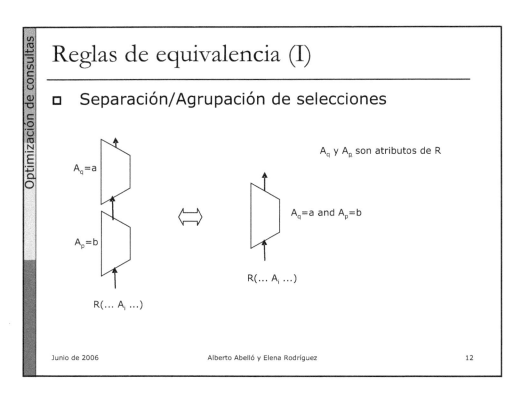

A_q y A_p son atributos de R

$A_q=a$

$A_p=b$

$A_q=a$ and $A_p=b$

R(... A_i ...)

R(... A_i ...)

Reglas de equivalencia (II)

❑ Conmutación del orden de selección y *join*

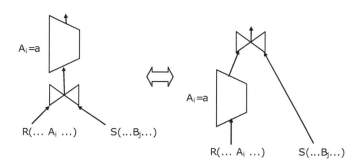

Reglas de equivalencia (III)

❑ Conmutación del orden de selección y unión

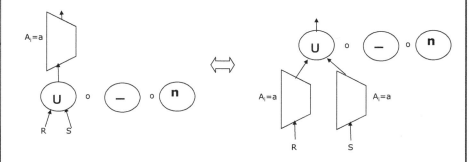

155

Reglas de equivalencia (IV)

❑ Conmutación del orden de selección y proyección
($A_i \in \{...A_p, A_i, A_q...\}$)

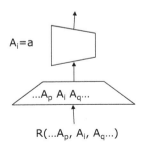 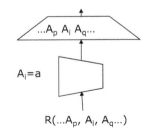

Reglas de equivalencia (V)

❑ Conmutación del orden de selección y proyección
($A_i \notin \{...A_p, A_q...\}$)

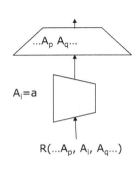 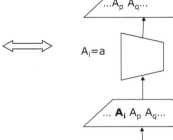

Reglas de equivalencia (VI)

□ Conmutación del orden de proyección y *join*
  (A$_i$ i B$_j$ ∈{A$_j$...A$_p$,B$_k$...B$_q$})

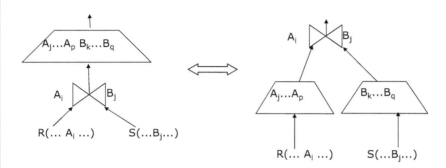

Reglas de equivalencia (VII)

□ Conmutación del orden de proyección y *join*
  (A$_i$ o B$_j$ (o los dos) ∉{A$_j$...A$_p$,B$_k$...B$_q$})

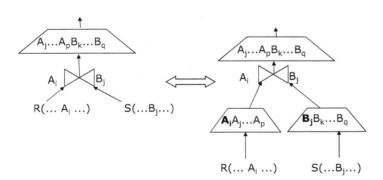

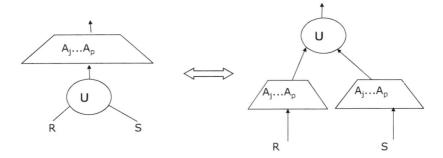

Reglas de equivalencia (VIII)

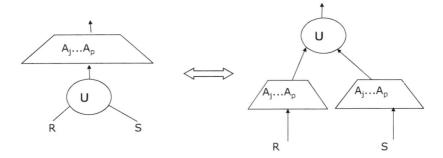

❑ Conmutación del orden de proyección y unión

Importante:
   - La proyección y la diferencia no cumplen la propiedad conmutativa
   - La proyección y la intersección no cumplen la propiedad conmutativa

Reglas de equivalencia (IX)

❑ Conmutación de *join*

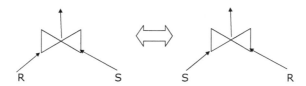

Reglas de equivalencia (X)

◻ Asociación de *join*

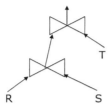 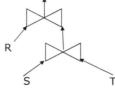

Transformación del árbol sintáctico

◻ **Objetivo: Reducir el tamaño de los nodos intermedios**

◻ **Pasos:**

1. Separar el predicado de selección en condiciones simples
2. Bajar al máximo las selecciones
3. Agrupar las selecciones de una misma tabla (simplificándolas si es posible)
4. Bajar tanto como sea posible las proyecciones (sin dejarlas sobre una tabla)
5. Agrupar las proyecciones de una misma tabla (simplificándolas si es posible)

Ejemplo de optimización sintáctica (I)

Vinos(<u>codVino</u>, nomVino, graduacion)

Cosechas(<u>codVino,codProd</u>, cantidad)

Productores(<u>codProd</u>, nomProd, region)

SELECT DISTINCT v.graduacion
FROM vinos v, productores p, cosechas c
WHERE v.codVino=c.codVino
     AND p.codProd=c.codProd
     AND p.region="Priorat"
     AND c.cantidad>100;

Ejemplo de optimización sintáctica (II)

1. **Separar el predicado de selección en condiciones simples**
2. Bajar al máximo las selecciones
3. Agrupar las selecciones de una misma tabla (simplificándolas si es posible)
4. Bajar tanto como sea posible las proyecciones (sin dejarlas sobre una tabla)
5. Agrupar las proyecciones de una misma tabla (simplificándolas si es posible)

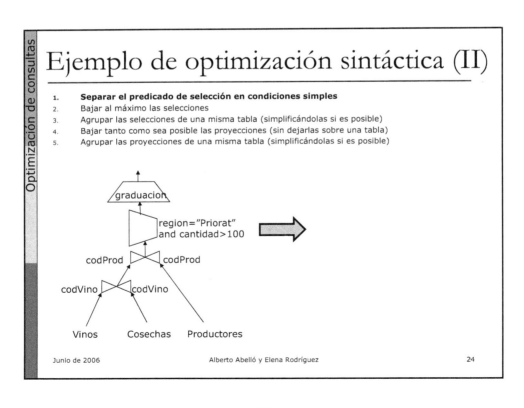

Ejemplo de optimización sintáctica (III)

1. Separar el predicado de selección en condiciones simples
2. **Bajar al máximo las selecciones**
3. Agrupar las selecciones de una misma tabla (simplificándolas si es posible)
4. Bajar tanto como sea posible las proyecciones (sin dejarlas sobre una tabla)
5. Agrupar las proyecciones de una misma tabla (simplificándolas si es posible)

Ejemplo de optimización sintáctica (IV)

1. Separar el predicado de selección en condiciones simples
2. Bajar al máximo las selecciones
3. **Agrupar las selecciones de una misma tabla (simplificándolas si es posible)**
4. Bajar tanto como sea posible las proyecciones (sin dejarlas sobre una tabla)
5. Agrupar las proyecciones de una misma tabla (simplificándolas si es posible)

Ejemplo de optimización sintáctica (V)

1. Separar el predicado de selección en condiciones simples
2. Bajar al máximo las selecciones
3. Agrupar las selecciones de una misma tabla (simplificándolas si es posible)
4. **Bajar tanto como sea posible las proyecciones (sin dejarlas sobre una tabla)**
5. Agrupar las proyecciones de una misma tabla (simplificándolas si es posible)

Ejemplo de optimización sintáctica (VI)

1. Separar el predicado de selección en condiciones simples
2. Bajar al máximo las selecciones
3. Agrupar las selecciones de una misma tabla (simplificándolas si es posible)
4. **Bajar tanto como sea posible las proyecciones (sin dejarlas sobre una tabla)**
5. Agrupar las proyecciones de una misma tabla (simplificándolas si es posible)

Ejemplo de optimización sintáctica (VII)

1. Separar el predicado de selección en condiciones simples
2. Bajar al máximo las selecciones
3. Agrupar las selecciones de una misma tabla (simplificándolas si es posible)
4. Bajar tanto como sea posible las proyecciones (sin dejarlas sobre una tabla)
5. **Agrupar las proyecciones de una misma tabla (simplificándolas si es posible)**

Simplificaciones del árbol sintáctico

- ◻ Eliminación de componentes inconexas

- ◻ Fusión de subexpresiones comunes

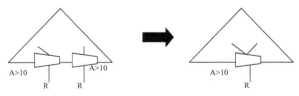

- ◻ Eliminación de tautologías:
  $R \cap \emptyset = \emptyset$, $R - R = \emptyset$, $\emptyset - R = \emptyset$
  $R \cap R = R$, $R \cup R = R$, $R \cup \emptyset = R$, $R - \emptyset = R$

Optimización Física

Consiste en generar el plan de ejecución de una consulta (sobre el mejor árbol sintáctico) considerando:

- Estructuras físicas
- Caminos de acceso
- Algoritmos

Árbol de proceso

Es el árbol asociado al árbol sintáctico óptimo, que modela la estrategia de ejecución

- Nodos
  - Internos: Tablas intermedias generadas por una operación física
  - Hojas: Tablas (o Índices)
  - Raíz: Resultado
- Aristas
  - Denotan utilización directa

Operaciones Físicas

□ **Con correspondencia en el álgebra**
  - Selección física: Selección [+ proyección]
  - *Join* física: *join* [+ proyección]
  - Operaciones conjuntistas:
    □ Unión [+ proyección]
    □ Diferencia [+ proyección]

□ **Otras operaciones:**
  - Eliminación de duplicados
  - Ordenación
  - Agrupación y cálculos de agregados

Ejemplo de árbol de proceso

```
SELECT DISTINCT v.graduacion
FROM vinos v, productores p, cosechas c
WHERE v.codVino=c.codVino
        AND p.codProd=c.codProd
        AND p.region="Priorat"
        AND c.cantidad>100;
```

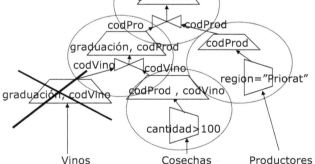

Optimización basada en costes

- El coste del árbol de proceso es la suma de los costes de cada operación física

- El coste de cada operación es la suma de:
    - Coste de resolución de la operación
    - Coste de escritura del resultado

- Factores de coste:
    - CPU
    - Accesos a memoria
    - Accesos a disco

Encontrar el árbol de coste mínimo

- **Fase 1**: Generación de alternativas

- **Fase 2**: Estimación de la cardinalidad y tamaño de resultados intermedios

- **Fase 3**: Estimación del coste de cada alternativa

- **Fase 4**: Elección de la mejor opción y generación del plan de acceso

Alternativas de ejecución

□ Orden de las *joins* (explosión combinatoria)

□ Camino de acceso a cada tabla (según estructuras disponibles)

□ Algoritmo de ejecución de cada operación

□ Materialización en disco o no de resultados intermedios (<u>supondremos que siempre se materializan</u>)

Orden de las *joins*

□ Podemos generar diferentes árboles de proceso aplicando la asociatividad de las *joins*

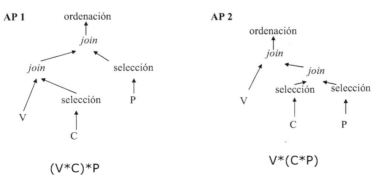

Alternativas de estructuras

- Independientemente de si está indexado o no, el fichero puede estar:
  - Ordenado
  - Desordenado
- Las dos estructuras principales de indexación son:
  - Árbol
  - Dispersión
- Los índices guardan siempre parejas valor-información, donde la información puede ser:
  - Todo el registro
  - La dirección física del registro
  - Una lista de direcciones físicas a registros
- De las diferentes posibilidades, nosotros tendremos en cuenta únicamente:
  - Sin índice
  - Árbol con direcciones (B+)
  - Ordenado y con árbol de direcciones (*Cluster*)
  - Dispersión con direcciones (*Hash*)

Ficheros

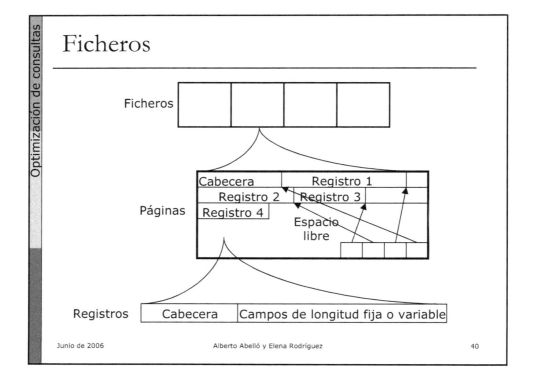

Árbol con direcciones

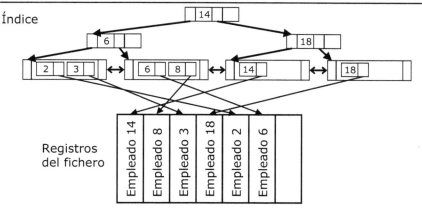

□ Suposiciones:
- En una página del árbol caben 2d entradas
- Normalmente el árbol está cargado a un 66% (2/3) de su capacidad

Ordenado con árbol con direcciones (*Cluster*)

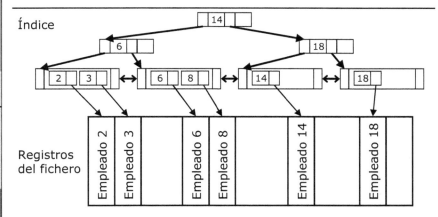

□ Suposiciones:
- Sólo se ocupan 2/3 de cada página, tanto del árbol como del fichero

Dispersión con direcciones (*Hash*)

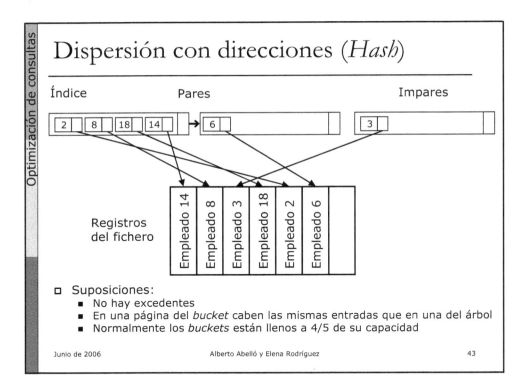

□ Suposiciones:
- No hay excedentes
- En una página del *bucket* caben las mismas entradas que en una del árbol
- Normalmente los *buckets* están llenos a 4/5 de su capacidad

---

Variables de costes

□ B: Número de bloques/páginas de la tabla

□ R: Número de registros por bloque/página

□ D: Tiempo de acceder (leer o escribir) un bloque de disco (aprox 0'015 segundos)

□ C: Tiempo de CPU para procesar un registro (aprox 10^{-9} segundos)

□ H: Tiempo de evaluación de la función de *Hash* (aprox 10^{-9} segundos)

□ d: Orden del árbol (>50)

¡No tendremos en cuenta las mejoras por acceso secuencial a disco, ni la existencia de *cache*!

Espacio

□ Sin índice

■ B

$$u = \%carga \cdot 2d = (2/3) \cdot 2d$$
$$h = \lceil \log_u(BR) \rceil - 1$$

□ Árbol (B+)

■ $\sum_1^{h+1} \lceil BR/u^i \rceil + B$

□ Ordenado y con árbol (*Cluster*)

■ $\sum_1^{h+1} \lceil BR/u^i \rceil + \lceil 1'5B \rceil$

□ Dispersión (*Hash*)

■ $1 + \lceil 1'25(BR/2d) \rceil + B$

Operaciones/Caminos de acceso

□ Lectura total del fichero (*Table Scan*)

□ Búsqueda por igualdad

□ Búsqueda por rango o intervalo

□ Inserción de un registro

□ Borrado de un registro

Lectura total (*Scan*)

□ Sin índice

    ■ BD

$$u = \%carga \cdot 2d = (2/3) \cdot 2d$$

□ Árbol (B+)

    ■ $\lceil BR/u \rceil \cdot D + BR \cdot D$ **Sólo sirve para ordenar**

□ Ordenado y con árbol (*Cluster*)

    ■ $\lceil 1'5B \rceil \cdot D$

□ Dispersión (*Hash*)

    ■ **No sirve**

Búsqueda de una tupla (igualdad sin repetidos)

□ Sin índice

    ■ 0'5BD

$$u = \%carga \cdot 2d = (2/3) \cdot 2d$$
$$h = \lceil \log_u(BR) \rceil - 1$$

□ Árbol (B+)

    ■ $h \cdot D + D$

□ Ordenado y con árbol (*Cluster*)

    ■ $h \cdot D + D$

□ Dispersión (*Hash*)

    ■ $H + D + D$

Búsqueda de varias tuplas (rango y/o repetidos)

- ## Sin índice
  - BD
- ## Árbol
  - $h \cdot D + ((v \cdot k - 1)/u) \cdot D + v \cdot k \cdot D$
- ## Ordenado y con árbol (*Cluster*)
  - $h \cdot D + D + (1'5(v \cdot k - 1)/R) \cdot D$
- ## Dispersión (*Hash*)
  - $v > 1$: No sirve
  - $v = 1$: $H + D + k \cdot D$

$u = \%\text{carga} \cdot 2d = (2/3) \cdot 2d$
$h = \lceil \log_u(BR) \rceil - 1$
v = valores en el rango
k = repeticiones de cada valor

Inserción de un registro

- ## Sin índice
  - $D + D$
- ## Árbol
  - $h \cdot D + D + D + D$
- ## Ordenado y con árbol (*Cluster*)
  - $h \cdot D + D + D + D$
- ## Dispersión (*Hash*)
  - $H + D + D + D + D$

$u = \%\text{carga} \cdot 2d = (2/3) \cdot 2d$
$h = \lceil \log_u(BR) \rceil - 1$

Borrado de <u>un</u> registro

□ Sin índice

   ■ 0'5BD + D

□ Árbol

   ■ h·D + D + D + D

□ Ordenado y con árbol (*Cluster*)

   ■ h·D + D + D + D

□ Dispersión (*Hash*)

   ■ H + D + D + D + D

$$u = \%carga \cdot 2d = (2/3) \cdot 2d$$
$$h = \lceil \log_u(BR) \rceil - 1$$

Algoritmos de selección (I)

□ Paso a Forma Normal Conjuntiva

   1. Eliminar las negaciones de paréntesis

   2. Meter las disyunciones dentro de paréntesis

□ Equivalencias lógicas

   ■ NOT (A_1 op v_1 OR A_2 op v_2) = (NOT A_1 op v_1 AND NOT A_2 op v_2)

   ■ NOT (A_1 op v_1 AND A_2 op v_2) = (NOT A_1 op v_1 OR NOT A_2 op v_2)

   ■ (A_1 op v_1 AND A_2 op v_2) OR A_3 op v_3 = (A_1 op v_1 OR A_3 op v_3) AND (A_2 op v_2 OR A_3 op v_3)

   ■ (A_1 op v_1 AND A_3 op v_3) OR (A_2 op v_2 AND A_3 op v_3) = (A_1 op v_1 OR A_2 op v_2) AND A_3 op v_3

Algoritmos de selección (II)

Supongamos que tenemos un predicado en forma normal conjuntiva, con disyunciones:

$(A_1 \; op_1 \; v_1 \; OR \; A_2 \; op_2 \; v_2) \; AND \; .... \; AND \; (A_p \; op_p \; A_p)$

donde A_i son atributos de una misma relación R y op_i es un operador de comparación

□ **Uno de los atributos de una disyunción no tiene índice**

- ■ No podemos usar ninguno de los índices de los otros atributos para evaluar la disyunción

□ **Todos los atributos de la disyunción tienen un índice**

1. Unir las listas de RID (no RowID)
2. Utilizar en adelante esa lista como índice

Algoritmos de selección (III)

Supongamos que tenemos un predicado en forma normal conjuntiva, sin disyunciones:
$(A_1 \; op_1 \; v_1) \; AND \; (A_2 \; op_2 \; v_2) \; AND \; .... \; AND \; (A_p \; op_p \; A_p)$
donde A_i son atributos de una misma relación R y op_i es un operador de comparación

1. Mirar los índices
   - ■ No existe índice para ninguno de los atributos
     - □ *Scan*
   - ■ Existe índice para al menos uno de los atributos
     - □ El operador de ese atributo es "="
       - ▪ *Hash*
       - ▪ Árbol
       - ▪ *Scan*
     - □ El operador de ese atributo es "<" o ">"
       - ▪ Árbol
       - ▪ *Scan*
     - □ El operador de ese atributo es "<>"
       - ▪ *Scan*
   - ■ Existe más de un índice
     - □ Intersecar las listas de RID
2. Filtrar el resto de condiciones sobre las tuplas

Ejemplo de selección

- Tenemos tres índices sobre A, B y C
- Queremos seleccionar de la tabla R las tuplas que cumplen:

(A AND B) OR (C AND D)

Algoritmos de ordenación externa

- **Sin índice**, con M+1 páginas de memoria
  - $(2B \cdot \lceil \log_M B \rceil - B) \cdot D$
- **Árbol** $u = \%carga \cdot 2d = (2/3) \cdot 2d$
  - $\lceil BR/u \rceil \cdot D + BR \cdot D$
- **Ordenado y con árbol (*Cluster*)**
  - $\lceil 1'5B \rceil \cdot D$
- **Dispersión (*Hash*)**
  - No sirve

External Merge Sort

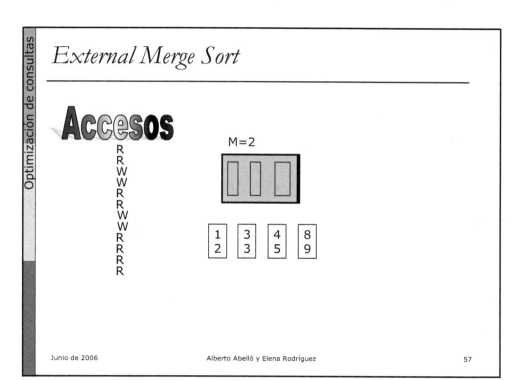

Usos de algoritmos de ordenación

- ORDER BY

- Eliminación de duplicados
  - DISTINCT
  - UNION

- GROUP BY

- *Join*

- Diferencia (*anti-join*)

- Carga masiva de un índice

Algoritmos de proyección

1. **Eliminación de atributos**
   a) Existe operación previa
      - 0
   b) No existe operación previa
      - BD
2. **Eliminación de duplicados**
   a) Sin índice, con M+1 páginas de memoria
      - $(2B \cdot \lceil \log_M B \rceil - B) \cdot D$
   b) Árbol (B+), útil si M y R pequeñas respecto a B
      - $\lceil BR/u \rceil \cdot D$ (quizás +BRD) $u = \%carga \cdot 2d = (2/3) \cdot 2d$
   c) Ordenado y con árbol (*Cluster*)
      - $\lceil 1'5B \rceil \cdot D$
   d) Dispersión (*Hash*), útil si M y R pequeñas respecto a B
      - $\lceil 1'25(BR/2d) \rceil \cdot D$ (quizás +BRD)

Algoritmos de *join*

- *Nested Loops*

- *Index (Tree/Hash) Join*

- *Sort-Match*

- *Hash Join*

- *Scan* (Estructura *cluster*)

Nested Loops (I)

- Algoritmo

  <u>para cada</u> página de R

    leer página de R

    <u>para cada</u> página de S

      leer página de S

      <u>para cada</u> tupla t de R de la página leída

        <u>para cada</u> tupla s de S de la página leída

        <u>si</u> (t.A θ s.B) <u>entonces</u> producir resultado

        <u>fsi</u>

        <u>fpara cada</u>

      <u>fpara cada</u>

    <u>fpar cada</u>

  <u>fpara cada</u>

- Coste (con M+2 páginas de memoria)
  - $B_R \cdot D + B_S \cdot \lceil B_R/M \rceil \cdot D$
- Consideraciones
  - Siempre es aplicable
  - No es simétrico
    - Interesa que la tabla más pequeña esté en el bucle exterior (aplicamos propiedad conmutativa de la *join*, si es necesario)
  - Especialmente interesante si $B_R \leq M$

Nested Loops (II)

Index (Tree/Hash) Join

□ Algoritmo
para cada página de R
    leer página de R
    para cada tupla t de la página de R
        acceder al índice sobre S.A mediante el valor t.A para comprobar
        si existen tuplas que verifiquen la condición de *join*
            si existen y nos interesa obtener algún atributo de S
            entonces acceder a S
            fsi
        producir resultado
        fsi
    fpara cada
fpara cada

$u = \%carga \cdot 2d = (2/3) \cdot 2d$
$h = \lceil log_u(BR) \rceil - 1$
$k = $ valores repetidos de S.A

□ Coste, si NO buscamos atributos de S (semi-join)
- Árbol: $B_R D + B_R R_R (h_S \cdot D + ((k-1)/u_S) \cdot D)$
- *Hash*: $B_R D + B_R R_R \cdot (H+D)$

□ Coste, si SÍ buscamos atributos de S
- Árbol: $B_R D + B_R R_R (h_S \cdot D + ((k-1)/u_S)) \cdot D + k \cdot D$
- *Cluster*: $B_R D + B_R R_R (h_S \cdot D + D + (1'5(k-1)/R_S) \cdot D)$
- *Hash*: $B_R D + B_R R_R \cdot (H + D + k \cdot D)$

□ Consideraciones
- Sólo es aplicable si existe un índice sobre el atributo de *join*
- Si el índice es de dispersión, sólo es aplicable para *equi-join*
- No podemos utilizar este algoritmo si ya hemos ejecutado una selección (podemos decidir retrasarla)

Sort-Match (I)

□ **Algoritmo**
Ordenar R
Ordenar S
Fusionar siguiendo la misma idea que en el *External Merge Sort*

□ **Coste,** con M+1 páginas de memoria
- $(2B_R \cdot \lceil log_M B_R \rceil) \cdot D + (2B_S \cdot \lceil log_M B_S \rceil) \cdot D + (B_R + B_S) \cdot D$

□ **Consideraciones**
- Sólo es aplicable para la *equi-join*
- Es especialmente interesante si tenemos al menos una tabla en un *Cluster*
  □ Si están las dos, solo necesitamos 3 páginas de memoria
- Manda el tamaño de la relación no ordenada más grande
  □ Con $B_{Grande} \leq M$ el coste es $3 \cdot (B_R + B_S) \cdot D$
- El resultado ya está ordenado

Sort-Match (II)

Accesos

R
R
R
R

```
┌─────────────┐
│ ▯  ▯  ▯ │
└─────────────┘
```

┌───┐
│ 2 │
│ 5 │
└───┘

┌───┐ ┌───┐
│ 1 │ │ 2 │
│ 2 │ │ 4 │
└───┘ └───┘
┌───┐ ┌───┐
│ 3 │ │ 5 │
│ 5 │ │ 6 │
└───┘ └───┘

Hash Join (I)

□ **Algoritmo**
Particionar R en k *buckets*
Particionar S en k *buckets*
Hacer *Nested Loop bucket* a *bucket*

□ **Coste**, con M+2 páginas de memoria (donde k≤M+1)
- $(2B_R) \cdot D + (2B_S) \cdot D + (B_R + B_S) \cdot D$

□ **Consideraciones**
- Sólo es aplicable para la *equi-join*
- Manda el tamaño de la relación más pequeña
  □ Tomaremos k = min($\lceil B_{Pequeña}/M \rceil$, M+1)
  □ Con $B_{Pequeña} \leq M^2 + M$ el coste es $3 \cdot (B_R + B_S) \cdot D$
  □ Es especialmente interesante si $B_{Pequeña} \leq M^2 + M$
- El coste se incrementa si la dispersión no es uniforme
- Si $B_{Pequeña} \leq M$, el algoritmo es equivalente a *Nested Loop*

Hash Join (II)

M=1
$B_1=B_2=2$
k=2

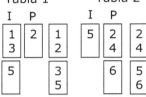

```
R
R
W
W
W
R
W
R
W
R
W
W
W
R
R
R
R
R
R
```

Tabla 1   Tabla 2

I   P   I   P

1	2	1		5	2	2
3		2			4	4
5		3			6	5
		5				6

Scan (Estructura *cluster*)

□ **Algoritmo**
Lectura secuencial del fichero que contiene R y S

□ **Coste**
- $\lceil 1'5B_{RS} \rceil \cdot D$, siendo $B_{RS}= B_R+B_S$ y $R_{RS}= (B_R R_R+B_S R_S)/(B_R+B_S)$

□ **Consideraciones**
- Sólo es aplicable para la *equi-join*
- Coste de una lectura secuencial de R
  □ $\lceil 1'5B_{RS} \rceil \cdot D$
- Coste de una lectura secuencial de S
  □ $\lceil 1'5B_{RS} \rceil \cdot D$

| Depto 1 | Empleado 14 | Empleado 8 | Empleado 6 | | Depto 2 | Empleado 3 | | Depto 3 | | Depto 4 | Empleado 18 | Empleado 2 | |

Cuadro resumen

	Sin índice	B+	*Hash*	*Cluster*	Estructura *cluster*
Tratamiento masivo	*Scan*				
Igualdad		Entrar por la raíz Ir a la tabla	Aplicar función Ir al *bucket* Ir a la tabla	Entrar por la raíz Ir a la tabla	
Intervalo		Entrar por la raíz Seguir las hojas Ir a la tabla		Entrar por la raíz Ir a la tabla *Scan*	
Join	*Nested Loop* O *Hash Join*	*Index Join*	*Index Join*	*Index Join* O *Sort-Match*	*Scan*

Estimación de resultados intermedios

◻ Además del coste de ejecutar cada operación del árbol de proceso, es necesario saber también cuánto ocupará escribir el resultado en un fichero intermedio

- Longitud de una tupla
  - ◻ $\sum$ longitud atributo$_i$ (+ información de control)
- Número de registros por página
  - ◻ $R_R = \lfloor$ tamaño de página/longitud tupla $\rfloor$
- Número de bloques de una tabla
  - ◻ $B_R = \lceil |R|/R_R \rceil$

Estimación de cardinalidades intermedias

- Se basa en el factor de selectividad ($0 \leq FS \leq 1$)
  - Cercano a 0 significa muy selectivo (Ej: DNI)
  - Cercano a 1 significa poco selectivo (Ej: Sexo)
- Sólo son necesarios los factores de selectividad de selección y *join*
  - Cardinalidad estimada de una selección
    $$|selección(R)| = FS*|R|$$
  - Cardinalidad estimada de una *join*:
    $$|join(R,S)| = FS*|R|*|S|$$
  - Cardinalidad estimada de una unión (sin repetidos):
    $$|unión(R,S)| = |R|+|S|- |join(R,S)|$$
  - Cardinalidad estimada de una diferencia:
    $$|diferencia(R,S)| = |R| - |join(R,S)|$$
- Los cálculos se efectúan de las hojas hacia la raíz
- Para estimar las cardinalidades necesitamos estadísticas

Estadísticas

- El ABD es el responsable de que las estadísticas estén correctamente actualizadas
- Ejemplos de tipos de estadísticas
  - De las relaciones:
    - Cardinalidad
    - Número de páginas
    - Longitud media de la tupla
  - De los atributos:
    - Longitud
    - Cardinalidad del dominio (máximo de valores diferentes)
    - Número de valores diferentes existentes
    - Valor máximo existente
    - Valor mínimo existente
- Hipótesis que hacen mayormente los SGBD
  - Distribución uniforme de los valores de cada atributo
  - Independencia entre los atributos

Factor de selectividad de una selección (I)

Optimización de consultas

- Asumiendo equiprobabilidad de valores
  - FS(A=c) $= 1/ndist(A)$
- Asumiendo distribución uniforme y $A \in [min,max]$
  - FS(A>c) $= (max-c)/(max-min)$
    - FS(A>c) $= 0$ (si $c \geq max$)
    - FS(A>c) $= 1$ (si $c < min$)
  - FS(A>v) $= \frac{1}{2}$
  - FS(A<c) $= (c-min)/(max-min)$
    - FS(A<c) $= 1$ (si $c > max$)
    - FS(A<c) $= 0$ (si $c \leq min$)
  - FS(A<v) $= \frac{1}{2}$
- Asumiendo ndist(A) grande
  - FS(A$\leq$x) $= FS(A<x)$
  - FS(A$\geq$x) $= FS(A>x)$
- Asumiendo P y Q estadísticamente independientes
  - FS(P AND Q) $= FS(P) \cdot FS(Q)$
  - FS(P OR Q) $= FS(P)+FS(Q)-FS(P) \cdot FS(Q)$

Junio de 2006 — Alberto Abelló y Elena Rodríguez — 73

Factor de selectividad de una selección (II)

- FS(NOT P) $= 1-FS(P)$
- FS(A IN $(c_1,c_2,...,c_n)$) $= min(1, n/ndist(A))$
- FS(A BETWEEN c_1 AND c_2) $= (min(c_2,max) - max(c_1,min))/(max-min)$
- FS(A BETWEEN v_1 AND v_2) $= \frac{1}{4}$
- FS(A BETWEEN c_1 AND v_2) $= \frac{1}{2}FS(A>c_1)$
- FS(A BETWEEN v_1 AND c_2) $= \frac{1}{2}FS(A<c_2)$

Junio de 2006 — Alberto Abelló y Elena Rodríguez — 74

185

Factor de selectividad de una *join*

- ☐ Es difícil aproximar el caso general R[AθB]S
  - ■ Normalmente no se dispone de estadísticas, porque costaría tanto actualizarlas que generalmente no compensaría
- ☐ Según el operador de comparación:
  - ■ FS(R[AxB]S)   = 1
  - ■ FS(R[A<>B]S) = 1
  - ■ FS(R[A=B]S)   = 1/|R| (siendo S.B FK hacia R.A)
  - ■ FS(R[A=B]S)   = 1/max(ndist(A),ndist(B)) (si no es FK)
  - ■ FS(R[A<B]S)   = ½
  - ■ FS(R[A<=B]S) = ½

Ejemplo de optimización física (I)

- ☐ Tenemos las siguientes estructuras:
  - ■ Productores
    - ☐ *Cluster* por codProd
    - ☐ B⁺ por región
  - ■ Vinos
    - ☐ *Cluster* por codVino
  - ■ Cosechas
    - ☐ *Cluster* por codVino y codProd
- ☐ Disponemos de las siguientes estadísticas:
  - ■ Tablas (hay que añadir aún el sobreespacio por cluster)
    - ☐ |P|=10000 R_P=12 B_P=834
    - ☐ |V| = 5000 R_V=10 B_V=500
    - ☐ |C| = 100000 R_C=20 B_C=5000
  - ■ Atributos
    - ☐ codProd, codVino y graduación: logitud=5 *bytes*
    - ☐ ndist(región)=30
    - ☐ min(cant)=10   max(cant)=500
    - ☐ ndist(graduación)=100
- ☐ Además
  - ■ Disponemos de 500 *bytes* útiles por página intermedia
  - ■ Cada relación está en un fichero separado
  - ■ El coste de acceder a disco es 1 (D=1)
  - ■ El coste de CPU es despreciable (C=0)
  - ■ El orden de los árboles es 75
  - ■ El SGBD únicamente dispone de:
    - ☐ *Nested Loops* (con 6 páginas de memoria, M=4)
    - ☐ *Index Join* (con 6 páginas de memoria, M=4)
    - ☐ *Sort Match* (con 3 páginas de memoria para la ordenación, M=2)
  - ■ Respetaremos el orden de las operaciones que resulta de la optimización sintáctica

Vinos(<u>codVino</u>, nomVino, graduacion)

Cosechas(<u>codVino,codProd</u>, cantidad)

Productores(<u>codProd</u>, nomProd, region)

Ejemplo de optimización física (II)

- ❑ **Fase 1: Generación de alternativas**
- ❑ Fase 2: Estimación de cardinalidades y tamaños
- ❑ Fase 3: Estimación del coste de cada alternativa
- ❑ Fase 4: Elección de la mejor opción

```
SELECT DISTINCT v.graduacion
FROM vinos v, productores p, cosechas c
WHERE v.codVino=c.codVino
      AND p.codProd=c.codProd
      AND p.region="Priorat"
      AND c.cantidad>100;
```

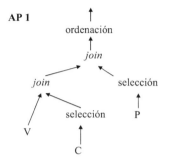

Ejemplo de optimización física (III)

- ❑ Fase 1: Generación de alternativas
- ❑ **Fase 2: Estimación de cardinalidades y tamaños**
- ❑ Fase 3: Estimación del coste de cada alternativa
- ❑ Fase 4: Elección de la mejor opción

```
SELECT DISTINCT v.graduacion
FROM vinos v, productores p, cosechas c
WHERE v.codVino=c.codVino
      AND p.codProd=c.codProd
      AND p.region="Priorat"
      AND c.cantidad>100;
```

❑**AP1/AP2**

- **Selección sobre C: C'**
  Longitud tupla C'= 5+5=10 *bytes*
  FS(cant>100)= (max(cant)-100)/(max(cant)-min(cant)) =
  $\qquad$ = 0'81632
  $|C'|$= FS*|C|= 0'81632*100000= 81.632
  $R_{C'}$ =$\lfloor$500/10$\rfloor$=50 tuplas/página
  $B_{C'}$ =$\lceil$81.632/50$\rceil$=1633 páginas

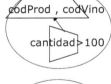

- **Selección sobre P: P'**
  Longitud tupla P'= 5 *bytes*
  FS(región="Priorat")=1/ndist(región)= 1/30
  $|P'|$= FS*|P|=10000/30=333
  $R_{P'}$ =$\lfloor$500/5$\rfloor$=100 tuplas/página
  $B_{P'}$ =$\lceil$333/100$\rceil$=4 páginas

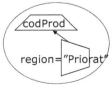

Ejemplo de optimización física (IV)

- ☐ Fase 1: Generación de alternativas
- ☐ **Fase 2: Estimación de cardinalidades y tamaños**
- ☐ Fase 3: Estimación del coste de cada alternativa
- ☐ Fase 4: Elección de la mejor opción

```
SELECT DISTINCT v.graduacion
FROM vinos v, productores p, cosechas c
WHERE v.codVino=c.codVino
        AND p.codProd=c.codProd
        AND p.region="Priorat"
        AND c.cantidad>100;
```

☐AP1

- **·*Join* entre V y C': VC'**
  Longitud tupla VC' = 5+5 *bytes*
  FS = 1/|V| = 1/5000
  $|VC'| = FS*|V|*|C'| = |C'| = 81.632$
  $R_{VC'} = \lfloor 500/10 \rfloor = 50$ tuplas/página
  $B_{VC'} = \lceil 81632/50 \rceil = 1633$ páginas

- **·*Join* entre VC' y P': VC'P'** (si cant y región independientes)
  Longitud tupla VC'P = 5 *bytes*
  $FS(VC'*P') = 1/(30|P'|) = 10^{-4}$
  $|VC'P'| = FS*|VC'|*|P'| = 10^{-4}*|VC'|*|P'| = 2721$
  $R_{VC'P'} = \lfloor 500/5 \rfloor = 100$ tuples/página
  $B_{VC'P'} = \lceil 2721/100 \rceil = 28$ páginas

graduación, codProd
codVino ⋈ codVino

graduación
codProd ⋈ codProd

Ejemplo de optimización física (V)

- ☐ Fase 1: Generación de alternativas
- ☐ **Fase 2: Estimación de cardinalidades y tamaños**
- ☐ Fase 3: Estimación del coste de cada alternativa
- ☐ Fase 4: Elección de la mejor opción

```
SELECT DISTINCT v.graduacion
FROM vinos v, productores p, cosechas c
WHERE v.codVino=c.codVino
        AND p.codProd=c.codProd
        AND p.region="Priorat"
        AND c.cantidad>100;
```

☐ AP2

- **·*Join* entre C' y P': C'P'** (si cant y región independientes)
  Longitud tupla C'P' = 5 *bytes*
  $FS(C'*P') = 1/(30|P'|) = 10^{-4}$
  $|C'P'| = FS*|C'|*|P'| = (1/(30*|P'|))*|C'|*|P'| = 2721$
  $R_{C'P'} = \lfloor 500/5 \rfloor = 100$ tuplas/página
  $B_{C'P'} = \lceil 2733/100 \rceil = 28$ páginas

- **·*Join* entre V y C'P': VC'P'**
  Longitud tupla VC'P = 5 *bytes*
  FS = 1/|V|
  $|VC'P'| = FS*|V|*|C'P'| = |C'P'| = 2733$
  $R_{VC'P'} = \lfloor 500/5 \rfloor = 100$ tuplas/página
  $B_{VC'P'} = \lceil 2733/100 \rceil = 28$ páginas

codVino
codProd ⋈ codProd

graduación
codVino ⋈ codVino

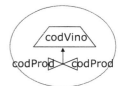

Ejemplo de optimización física (VI)

□ Fase 1: Generación de alternativas
□ **Fase 2: Estimación de cardinalidades y tamaños**
□ Fase 3: Estimación del coste de cada alternativa
□ Fase 4: Elección de la mejor opción

```
SELECT DISTINCT v.graduacion
FROM vinos v, productores p, cosechas c
WHERE v.codVino=c.codVino
        AND p.codProd=c.codProd
        AND p.region="Priorat"
        AND c.cantidad>100;
```

□**AP1/AP2**

·**Resultado final: O**
Longitud tupla de O = 5 *bytes*
$|O|$ = ndist(graduación) = 100
$R_R = \lfloor 500/5 \rfloor$ = 100 tuplas/página
$B_R = \lceil 100/100 \rceil$ = 1 páginas

Ejemplo de optimización física (VII)

□ Fase 1: Generación de alternativas
□ Fase 2: Estimación de cardinalidades y tamaños
□ **Fase 3: Estimación del coste de cada alternativa**
□ Fase 4: Elección de la mejor opción

```
SELECT DISTINCT v.graduacion
FROM vinos v, productores p, cosechas c
WHERE v.codVino=c.codVino
        AND p.codProd=c.codProd
        AND p.region="Priorat"
        AND c.cantidad>100;
```

□ AP1/AP2
■ **Selección sobre C: C'**
caminos de acceso disponibles: Sín índice
coste $_{scan}$(C')= $1'5B_C$ = 1'5*5000 = 7500
Seleccionamos Scan

■ **Selección sobre P: P'**
caminos de acceso disponibles: Árbol y Sin índice
coste $_{árbol}$(P')= $\log_{100}|P|$ - 1 +FS(región="Priorat")*$|P|$+
((FS(región="Priorat")*$|P|$-1)/100)
=1+333+332/100=337
coste $_{scan}$(P')= $1'5*B_P$ = 1'5*834 = 1251
Seleccionamos el Árbol

■ **Ordenación de VC'P': R**
coste$_{mergeSort}$(R)=$2B_{VC'P'}\cdot\log_M(B_{VC'P'})-B_{VC'P'}$=2·28·$\log_2$(28)-28=252

Ejemplo de optimización física (VIII)

- Fase 1: Generación de alternativas
- Fase 2: Estimación de cardinalidades y tamaños
- **Fase 3: Estimación del coste de cada alternativa**
- Fase 4: Elección de la mejor opción

```
SELECT DISTINCT v.graduacion
FROM vinos v, productores p, cosechas c
WHERE v.codVino=c.codVino
        AND p.codProd=c.codProd
        AND p.region="Priorat"
        AND c.cantidad>100;
```

- **AP1**
  - **join entre V y C': VC'**
    algoritmos aplicables:
    Nested loops
    $1'5 \cdot B_V < B_{C'}$ (aplicamos propiedad commutativa de la *join*)
    coste $_{NestedLoop}(VC') = B_V + (B_V / M) * B_{C'} = 1'5*500 + \lceil 1'5*500/4 \rceil *1633 = 307.754$
    Index Join
    Sí, buscamos atributos de V
    C' ya no ocupa espacio de más por estar ordenada
    coste $_{IndexJoin}(VC') = B_{C'} + |C'|*(\log_{100}|V| - 1 + (1'5(k-1)/10) + 1) =$
    $= 1633 + 81632*(\log_{100}5000 - 1 + 1) = 164.897$
    Sort-Match
    V está ordenado por codVino, C' está aún ordenado por codVino y codProd
    coste $_{SortMatch}(VC') = 1'5B_V + B_{C'} = 1'5*500 + 1633 = 2.383$
    Nos quedamos con *Sort-Match*

Ejemplo de optimización física (IX)

- Fase 1: Generación de alternativas
- Fase 2: Estimación de cardinalidades y tamaños
- **Fase 3: Estimación del coste de cada alternativa**
- Fase 4: Elección de la mejor opción

```
SELECT DISTINCT v.graduacion
FROM vinos v, productores p, cosechas c
WHERE v.codVino=c.codVino
        AND p.codProd=c.codProd
        AND p.region="Priorat"
        AND c.cantidad>100;
```

- **AP1**
  - **join entre VC' y P': VC'P'**
    algoritmos aplicables:
    Nested Loops
    $B_{P'} < B_{VC'}$ (aplicamos propiedad commutativa de la *join*)
    coste $_{NestedLoop}(VC'P') = B_{P'} + (B_{P'} / M)* B_{VC'} = 4 + (4/4)*1633 = 1637$
    Sort Match
    Ni VC'ni P' estan ordenados por codProd
    coste $_{SortMatch}(VC'P') = 2*B_{VC'}* \lceil \log_2 B_{VC'} \rceil + 2*B_{P'}* \lceil \log_2 B_{P'} \rceil + B_{VC'} + B_{P'} =$
    $= 2*1633*11 + 2*4*2 + 1633 + 4 = 37.579$
    Nos quedamos con *Nested Loops*

Ejemplo de optimización física (X)

- ☐ Fase 1: Generación de alternativas
- ☐ Fase 2: Estimación de cardinalidades y tamaños
- ☐ **Fase 3: Estimación del coste de cada alternativa**
- ☐ Fase 4: Elección de la mejor opción

```
SELECT DISTINCT v.graduacion
FROM vinos v, productores p, cosechas c
WHERE v.codVino=c.codVino
        AND p.codProd=c.codProd
        AND p.region="Priorat"
        AND c.cantidad>100;
```

- ☐ **AP2**
  - **_join_ entre C' y P': C'P'**
    algoritmos aplicables:
    Nested Loops
    $B_{P'} < B_{C'}$ (aplicamos propiedad commutativa de la _join_)
    coste $_{NestedLoop}(C'P') = B_{P'} + (B_{P'}/M)* B_{C'} = 4 + (4/4)*1633 = 1637$
    Sort Match
    Ni C' ni P' estan ordenados por codProd
    coste $_{SortMatch}(C'P') = 2*B_{C'}*\lceil \log_2 B_{C'} \rceil + 2*B_{P'}*\lceil \log_2 B_{P'} \rceil + B_{C'} + B_{P'} =$
    $= 2*1633*11 + 2*4*2 + 1633 + 4 = 37.579$

    Nos quedamos con _Nested Loops_

Ejemplo de optimización física (XII)

- ☐ Fase 1: Generación de alternativas
- ☐ Fase 2: Estimación de cardinalidades y tamaños
- ☐ **Fase 3: Estimación del coste de cada alternativa**
- ☐ Fase 4: Elección de la mejor opción

```
SELECT DISTINCT v.graduacion
FROM vinos v, productores p, cosechas c
WHERE v.codVino=c.codVino
        AND p.codProd=c.codProd
        AND p.region="Priorat"
        AND c.cantidad>100;
```

- ☐ **AP2**
  - **_join_ entre V y C'P': VC'P'**
    algoritmos aplicables:
    Nested Loops
    $B_{C'P'} < 1'5B_V$ (aplicamos propiedad commutativa de la _join_)
    coste $_{NestedLoop}(VC'P') = B_{C'P'} + (B_{C'P'}/M) * B_V = 28 + (28/4)*1'5*500 = 5278$
    Index Join
    Sí, buscamos atributos de V
    coste $_{IndexJoin}(VC'P') = B_{C'P'} + |C'P'|*(\log_{100}(|V|/100) + (1'5(k-1)/10) + 1) =$
    $= 28+2721*(\log_{100}5000 -1+1) = 5470$
    Sort-Match
    V está ordenado por codVino, C'P' no está ordenado por codVino
    coste $_{SortMatch}(VC'P') = 2B_{C'P'}*\lceil \log_2 B_{C'P'} \rceil + B_V + B_{C'P'} =$
    $= 2*28*\lceil \log_2 28 \rceil + 1'5*500 + 28 = 1058$

    Nos quedamos con _Sort-Match_

Ejemplo de optimización física (XIII)

- Fase 1: Generación de alternativas
- Fase 2: Estimación de cardinalidades y tamaños
- Fase 3: Estimación del coste de cada alternativa
- **Fase 4: Elección de la mejor opción**

```
SELECT DISTINCT v.graduacion
FROM vinos v, productores p, cosechas c
WHERE v.codVino=c.codVino
      AND p.codProd=c.codProd
      AND p.region="Priorat"
      AND c.cantidad>100;
```

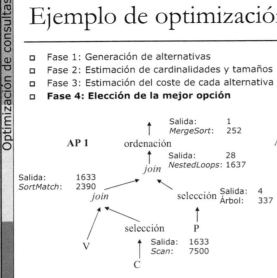

Coste total$_{AP1}$: 15.415   Coste total$_{AP2}$: 12.478

Optimización basada en reglas (I)

Oracle 9i

Regla 1: Una tupla por RowID
Regla 2: Una tupla por estructura *cluster*
Regla 3: Una tupla por la clave de un *Cluster* con *Hash* sin repetidos
Regla 4: Una tupla por PK o UNIQUE
Regla 5: Estructura *cluster*
Regla 6: Acceso por la clave de un *Cluster* con *Hash*
Regla 7: Acceso por la clave de un *Cluster* con índice
Regla 8: Índice multiatributo
Regla 9: Índice monoatributo
Regla 10: Búsqueda de intervalo cerrado sobre columnas indexadas
Regla 11: Búsqueda de intervalo abierto sobre columnas indexadas
Regla 12: *Join* utilizando *Sort Match*
Regla 13: MAX o MIN de columna indexada
Regla 14: ORDER BY de columna indexada
Regla 15: Lectura secuencial de toda la tabla

Optimización basada en reglas (II)

- Poner en el WHERE las condiciones de selección antes que las de join, hará que se generen menos datos intermedios
- Poner en el WHERE las condiciones más selectivas al final, para que se ejecuten primero
- Poner en el FROM las tablas más pequeñas al final, para que actúen como directrices al hacer la join
- Hacer servir "NOT EXISTS" en lugar de "NOT IN"
- Sustituir "AND a<>'v'" por "AND NOT a='v'"
- Si tenemos una condición "r.a='v' AND r.a=r.b", conviene añadir "... AND r.b='v'"

Uso de árboles multiatributo

- Ocupa más espacio
  - Para cada tupla, guarda los atributos A_1, .., A_k
  - Puede tener más niveles, empeorando así el tiempo de acceso
- Se modifica más frecuentemente
  - En caso de modificación de cualquiera de los atributos que forman parte de la clave
- Es más eficiente que intersecar listas de RID en caso de conjunciones
- Ayuda a la resolución de más consultas
  - Igualdad de todos los i primeros atributos a la vez
  - Igualdad de todos los i primeros atributos a la vez y rango del $i+1$
- El orden de los atributos es importante
  - No podríamos resolver una consulta por igualdad únicamente sobre A_k, sin fijar también A_1, .., A_{k-1}

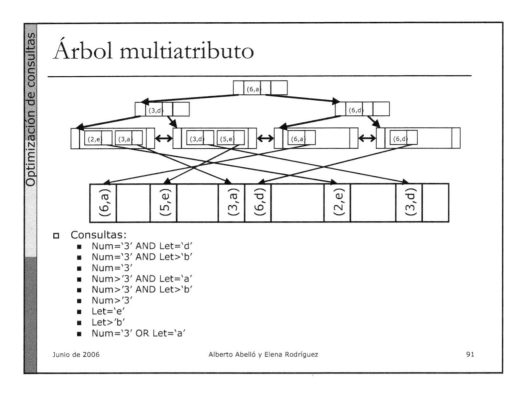

Árbol multiatributo

□ Consultas:
- Num='3' AND Let='d'
- Num='3' AND Let>'b'
- Num='3'
- Num>'3' AND Let='a'
- Num>'3' AND Let>'b'
- Num>'3'
- Let='e'
- Let>'b'
- Num='3' OR Let='a'

Resolución de consultas basada en índices

□ Proyección
   SELECT edad   SELECT DISTINCT edad
   FROM personas   FROM personas

- Eliminación de atributos
  □ Árbol
    - $1'5(BR/2d) \cdot D$
  □ Dispersión (Hash)
    - $1'25(BR/2d) \cdot D$

□ Agregados
   SELECT MIN(edad)   SELECT AVG(edad)
   FROM personas   FROM personas

              SELECT edad, COUNT(*)
              FROM personas
              GROUP BY edad;

□ *Joins*
   SELECT p.nombre
   FROM personas p, departamento d
   WHERE p.dni=d.jefe;

- *Index Match Join*
- *Index Nested Loops*
- *Index Join*

Planes según complejidad de la consulta

- SELECT+DISTINCT+WHERE+GROUP BY+HAVING
  - Búsqueda exhaustiva de caminos de acceso
    - Índices monoatributo
    - Índices multiatributo
    - Ordenaciones
    - Basadas en índices
- *Join*
  - *Left/right deep tree*
- Subconsultas
  - No correlacionadas
    - *Nested Loops Join* (una sola ejecución de subconsulta)
  - Correlacionadas
    - No es declarativo (múltiple ejecución de subconsulta)

Alternativas para hacer subconsultas

- No correlacionadas
  ```
  SELECT R.a
  FROM R
  WHERE R.b IN (SELECT S.b FROM S WHERE S.c=k);
  ```

- Correlacionadas
  ```
  SELECT R.a
  FROM R
  WHERE EXISTS (SELECT * FROM S WHERE R.b=S.b AND S.c=k);
  ```

- Sin subconsultas
  ```
  SELECT R.a
  FROM R, S
  WHERE R.b=S.b AND S.c=k;
  ```

Encarrilamiento (*pipelining*)

□ Normalmente los sistemas no siempre materializan los resultados intermedios
- <u>Nosotros siempre asumiremos lo contrario (que SÍ se materializan todos los resultados intermedios)</u>

□ En caso de resolver una *join* con *Nested Loops* o *Index Join*, la tabla externa no se materializa
- Si tenemos *left-deep tree*, no necesitamos materializar nada

□ Si ningún resultado intermedio se materializa, los caminos de acceso a las tablas marcan el coste total de la consulta

---

Momento de la optimización

□ Estática
- Se optimiza una vez, pero se ejecuta muchas
- Se guarda el plan de acceso en el catálogo
- Cambios en las estadísticas o caminos de acceso pueden invalidar la optimización

□ Dinámica
- Se optimiza la consulta cada vez que se ejecuta
- No se guarda el plan de acceso
- Se hacen los cálculos con las estadísticas y caminos de acceso disponibles en el momento de la ejecución

□ Híbrida
- Se hace una optimización estática
- Se comprueban las estadísticas en tiempo de ejecución para ver si coinciden con las utilizadas para la optimización
- Si las estadísticas no coinciden, se vuelve a optimizar la consulta

Diapositiva resumen

- Optimización semántica
- Optimización sintáctica
  - Reglas de equivalencia
  - Transformación del árbol sintáctico
- Optimización Física
  - Optimización basada en costes
    - Alternativas de estructuras
    - Alternativas de ejecución
      - Algoritmos de selección
      - Algoritmos de ordenación externa
      - Algoritmos de proyección
      - Algoritmos de *join*
    - Estimación de resultados intermedios
  - Optimización basada en reglas
- Uso de índices multiatributo
- Resolución de consultas basada en índices
- Alternativas a subconsultas

Bibliografía

- R. Ramakrishnan y J. Gehrke. *Database Management Systems.* McGraw-Hill, 3ª Edición, 2003.
- J. Sistac. *Sistemes de Gestió de Bases de Dades*. Editorial UOC, 2002.

Técnicas
de
indexación

Objetivos

- Decidir cuándo desactivar y reconstruir un árbol
- Saber cuándo es necesario un índice
- Conocer el *Bitmap-index*
- Conocer el *Join-index*
- Entender su utilidad
- Decidir cuándo utilizar cada tipo de índice

Inserción de valores con índice

a) **Inserciones individuales**
  - ❑ Crear el índice sobre la tabla vacía e ir insertando valores

b) **Inserciones masivas**
  - ❑ Llenar la tabla y crear el índice
  - ❑ Borrar el índice, insertar tuplas y reconstruir el índice

Algoritmo de reconstrucción de B+

1. Crear un fichero de entradas [valor,RID]

2. Ordenar el fichero según el valor

3. Construir las hojas del árbol (llenándolas hasta la carga deseada)

4. Construir los nodos internos (llenándolos hasta la carga deseada)

5. Guardar el árbol en disco

Ejemplo de reconstrucción de B+

1. Crear un fichero de entradas [valor,RID]
2. Ordenar el fichero según el valor
3. Construir las hojas del árbol (llenándolas hasta la carga deseada)
4. Construir los nodos internos (llenándolos hasta la carga deseada)
5. Guardar el árbol en disco

Orden = 2
Carga = 75%

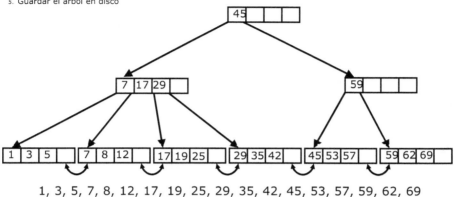

1, 3, 5, 7, 8, 12, 17, 19, 25, 29, 35, 42, 45, 53, 57, 59, 62, 69

Coste de inserción masiva en B+

A. **Secuencia de inserciones individuales**
   1. **Para cada nueva tupla**
      1. Buscar lugar h
      2. Escritura 1
         a. Posible "split"   4 (o más)
            a. Leer siguiente
            b. Crear hoja
            c. Modificar apuntador de la siguiente
            d. Modificar padre (¿y ancestros?)

$u = \%carga \cdot 2d$
$h = \lceil \log_u(BR) \rceil - 1$

B. **Reconstrucción del índice** (con M+1 páginas de memoria)
   1. Borrar índice   -
   2. Leer tabla B_T
   3. Escribir entradas B_E
   4. Ordenar entradas $2B_E \cdot \lceil \log_M B_E \rceil - B_E$
   5. Escribir índice $\sum \lceil BR/u^i \rceil$ para i=1..h+1

Cuándo poner un índice...

□ Árbol:
  - Tenemos una condición de selección muy selectiva

□ *Hash*:
  - Tenemos una condición de selección muy selectiva por igualdad
  - La tabla no es demasiado volátil
  - La tabla es MUY grande

□ *Cluster*:
  - Tenemos una condición de selección poco selectiva, o un GROUP BY o un ORDER BY
  - La tabla no es demasiado volátil

Cuándo NO poner un índice...

□ Los tratamientos son masivos (nunca de tuplas individuales)

□ El atributo tiene pocos valores (es poco selectivo)

□ La tabla tiene pocas páginas

□ El atributo aparece únicamente dentro de una función de agregación

Consultas multidimensionales

SELECT d1.nombre_articulo, d2.región, d3.mesAño, SUM(h.articulos)
FROM Ventas h, Producto d1, Lugar d2, Tiempo d3
WHERE h.IDProducto=d1.ID AND h.IDLugar=d2.ID AND IDTiempo=d3.ID
    AND d1.nombre_articulo IN ('Bolígrafos','Gomas')
    AND d2.región='Catalunya'
    AND d3.mesAño IN ('Enero02','Febrero02')
GROUP BY ...

1. Evaluar las condiciones sobre cada una de las dimensiones para obtener un conjunto de identificadores
2. Combinar (hacer el producto cartesiano) los identificadores de todas las dimensiones para obtener los identificadores de la tabla de hechos que nos interesen
3. Acceder a la tabla de hechos (mediante un B+) para obtener los valores (medidas) que queríamos
4. Ordenar las tuplas obtenidas
5. Agrupar y operar agregados

B+ (I)

- **Es especialmente útil pera consultas simples (sin agrupaciones, ni agregaciones, ni demasiadas *joins*)**
- **Funciona mejor cuanto mayor sea la selectividad del atributo (menos valores repetidos tiene)**
  - Los atributos de las consultas multidimensionales acostumbran a no ser demasiado selectivos
- **El orden de los atributos es relevante**
- **Podemos definir tantos índices como queramos**
- **Para tablas muy grandes puede ocupar demasiado espacio**
- **Podemos definir el índice como "agrupado" (*Cluster*)**

B+ (II)

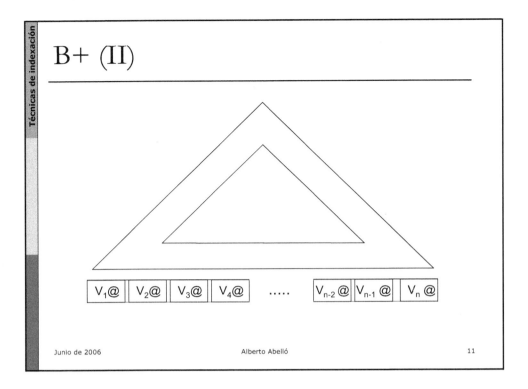

Bitmap-index

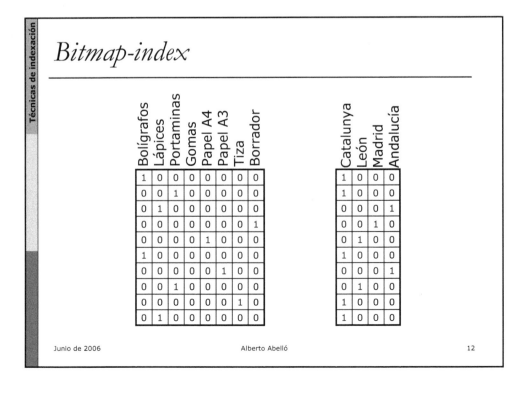

Operaciones con *bitmaps*

SELECT COUNT(*)

...

WHERE nombre_articulo IN ['Bolígrafos','Lápices'] AND región='Catalunya'

Bolígrafos	Lápices			Catalunya		
1	0		1		1		1
0	0		0		1		0
0	1		1		0		0
0	0		0		0		0
0 OR 0		=	0 AND 0		=	0
1	0		1		1		1
0	0		0		0		0
0	0		0		0		0
0	0		0		1		0
0	1		1		1		1

Mantenimiento de *bitmaps*

- **Dos casos de inserción:**
  - Sin expansión del dominio:
    - Añadir "1"
  - Con expansión del dominio:
    - Añadir un nuevo vector

- **Un caso de borrado:**

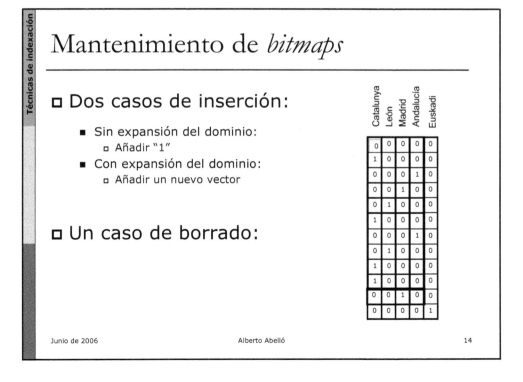

Catalunya	León	Madrid	Andalucía	Euskadi
0	0	0	0	0
1	0	0	0	0
0	0	0	1	0
0	0	1	0	0
0	1	0	0	0
1	0	0	0	0
0	0	0	1	0
0	1	0	0	0
1	0	0	0	0
1	0	0	0	0
0	0	1	0	0
0	0	0	0	1

Cálculo de probabilidades del *bitmap*

□ Probabilidad de que una tupla cumpla P
   FS

□ Probabilidad de que una tupla NO cumpla P
   1-FS

□ Probabilidad de que ninguna tupla de un bloque cumpla P
   $(1-FS) \cdot (1-FS) \cdot \ldots \cdot (1-FS) = (1-FS)^R$

□ Probabilidad de que alguna tupla de un bloque cumpla P
   $1-(1-FS)^R$

Costes del *bitmap* por operación

□ Lectura total (*Scan*)
   ▪ **No sirve**
□ Búsqueda por igualdad sin repetidos
   ▪ **No sirve**
□ Búsqueda por igualdad con repetidos
   ▪ $\lceil BR/pag \rceil \cdot D + (B \cdot (1-((ndist-1)/ndist)^R)) \cdot D$
□ Búsqueda multipunto (con un "IN")
   ▪ $v \cdot \lceil BR/pag \rceil \cdot D + (B \cdot (1-((ndist-v)/ndist)^R)) \cdot D$
□ Inserción de un registro (en la última página)
   ▪ Valor existente: $ndist \cdot 2D + 2D$
   ▪ Valor nuevo: $ndist \cdot 2D + 2D + \lceil BR/pag \rceil \cdot D$
□ Borrado de todos los registros con un valor
   ▪ $\lceil BR/pag \rceil \cdot D + (B \cdot (1-((ndist-1)/ndist)^R)) \cdot 2D$

pag: bits por página
ndist: valores diferentes
v: valores consultados

Comparación

- Rendimiento óptimo para múltiples condiciones sobre varios atributos (cada uno con una selectividad baja)
- Mejor que el B+ y el *Hash* para consultas multipunto
- Órdenes de magnitud de mejora comparado con un *scan* (especialmente si FS<1%)
- Gestiona valores NULL
- Inútil para consultas por desigualdad (<, >) o rango
- Malo para INSERT, UPDATE y DELETE concurrentes
- Asumiendo distribución uniforme y RID de 4 bytes, *bitmaps* ocupan menos espacio que listas de RID para dominios de 32 valores o menos

---

Sintaxis en Oracle

CREATE

[{UNIQUE|BITMAP}] INDEX
 <name>

ON <table> (<column>[,column]*);

Join-index

Lugar(	LugarID,	ciudad,	CCAA)	Ventas(	lugarID,	tiempoID,...)	Tiempo(	tiempoID,	año)
	111	BCN	Cat		111	T1		T1	2000
	222	BIO	PV		222	T2		T2	2000
	...				222	T3		T3	2001
					111	T4		T4	2001
					...			...	

Join-index (un atributo)

Cat	1,4, ...
PV	2,3, ...

Join-index (dos atributos)

Cat	2000	1, ...
	2001	4, ...
PV	2000	2, ...
	2001	3, ...

Join-index (dos atributos)

2000	Cat	1, ...
	PV	2, ...
2001	Cat	4, ...
	PV	3, ...

Beneficio del *Bitmap-join-index*

```
CREATE BITMAP INDEX ventasRegión
ON Ventas(Lugar.región)
FROM Ventas, Lugar
WHERE Ventas.IDLugar=Lugar.ID;
```

- El algoritmo sería parecido al *Index Join*
- El ahorro es no consultar las tablas de dimensión
- Más eficiente que la estructura *Cluster*:
  - Espacio: Siempre
  - Tiempo: Si tenemos condiciones múltiples muy selectivas

Bitmap-join-index

- Sin *cache*
- 24.000.000 tuplas en la tabla
- 6.475 tuplas seleccionadas
- Dos dimensiones
- Un valor por dimensión
- Condiciones AND

Oracle8i (*Materialized join*)	Oracle9i (*Bitmap-join-index*)	%Beneficio
01:02	00:07	88.7%

Junio de 2006 · Alberto Abelló · 21

Diapositiva resumen

- Algoritmo de reconstrucción de B+
- Cuándo poner un índice...
- *Bitmap-index*
- *Join-index*

Junio de 2006 · Alberto Abelló · 22

Bibliografía

- D. Shasha y P. Bonnet. *Database Tunning*. Elsevier, 2003.
- C. T. Yu y W. Meng. *Principles of Database Query Processing for Advanced Applications*. Morgan Kaufmann, 1998.
- P. Valduriez. *Join Indices*. ACM TODS, vol 12, Nº 2, junio 1987. Páginas 218-246.
- R. Ramakrishnan y J. Gehrke. *Database Management Systems*. 3ª edición. McGraw-Hill, 2003.

Técnicas de indexación

Administración

Objetivos

- ☐ Conocer las tareas del administrador
- ☐ Conocer las herramientas del administrador
    - ■ Catálogo
    - ■ Auditoría
    - ■ Monitores de rendimiento y eventos
    - ■ Plan de consulta
- ☐ Decidir el mejor diseño físico dado un conjunto de consultas

Funciones del administrador

- Colaboración/revisión del diseño lógico
- Creación/mantenimiento del diseño físico
- Implementación/mantenimiento de la seguridad
- Definición/mantenimiento de la política de recuperación
- Evaluación/instalación/configuración del *software*
- Control/mejora del rendimiento (*tuning*)
- Gestión de la localización/volumen de los datos
- Asistencia al desarrollo y producción
- Diseño/preparación/ejecución de procesos masivos (*batch*)
- Documentación y estándares sobre el diseño y uso de las BD

Documentación para el administrador

- Esquema conceptual
- Esquema lógico
- *Script* de creación de la BD (esquema físico)
- Requerimientos de espacio
- Requerimientos temporales de las consultas
- Planes de ejecución de las consultas
- Requerimientos de seguridad
- Requerimientos de datos (recuperación)
- Juegos de pruebas y resultados esperados

Principios de la administración

- Pensar globalmente, actuar localmente
- Evitar los cuellos de botella
  - Ej: particionar funciona especialmente bien, si disponemos de paralelismo en el procesador o disco
- Los costes de puesta en marcha son altos comparados con los de ejecución
  - Ej: conexiones, procesos *batch*, cursores, procedimientos
- Dar al servidor lo que es suyo
- Estar preparado para los compromisos
  - Espacio *vs* tiempo
  - OLTP *vs* OLAP
  - Contención *vs* interferencias
  - Anomalías *vs join*
- <u>No olvidar los costes de CPU</u>
  ```
  BEGIN LOOP
  SELECT SysDate FROM DUAL;
  END LOOP
  ```

Catálogo (o diccionario)

- Es el conjunto de tablas que contiene la información que el propio sistema necesita para su gestión

- Su contenido son metadatos (datos sobre los datos)

- Su estructura y contenido cambian de un SGBD a otro, pero existen vistas estandarizadas

Contenidos "estáticos" del catálogo

- Configuración del sistema
  - Tamaño del *pool* de *buffers*
  - Tamaño de páginas
- Información de las tablas
  - Nombre de la tabla, nombre del fichero y tipo de fichero
  - Nombre y tipo de cada atributo
  - Índices que tiene la tabla
  - Restricciones de integridad
- Información de los índices
  - Nombre del índice y estructura
  - Atributos que indexa
- Información de las vistas
  - Nombre y definición
- Información de usuarios
  - Permisos

Contenidos "dinámicos" del catálogo

- Tablas
  - Cardinalidad: Número de tuplas
  - Tamaño: Número de páginas
- Índices
  - Cardinalidad: Número de valores diferentes
  - Tamaño: Número de páginas
  - Altura: Número de niveles no hoja
  - Rango: Valores mínimo y máximo existentes
- Usuarios
  - Intentos de conexión

Catálogo en SQL'03 (I)

- DEFINITION_SCHEMA
  - Contiene 61 "tablas"
  - Accesible por el administrador

- INFORMATION_SCHEMA
  - Contiene 71+43 vistas
    - La mayoría coinciden con las de DEFINITION_SCHEMA
  - Accesible por los usuarios

Catálogo en SQL'03 (II)

- ASSERTIONS
- ATTRIBUTES
- CHECK_CONSTRAINTS
- COLUMNS
- REFERENTIAL_CONSTRAINTS
- ROUTINES
- SEQUENCES
- TABLE_PRIVILEGES
- TABLES
- TRIGGERS
- VIEWS

Auditoría

□ Contenido del fichero:
- Parte de la información contenida en el dietario
- Información sobre lecturas realizadas
- Otras acciones realizadas por los usuarios

□ Utilidad:
- Prevenir violaciones de seguridad detectando patrones
- Encontrar a un intruso una vez ha accedido al sistema

Auditoría en Oracle

SELECT COUNT(*)　　　　　⟹ 144 filas
FROM audit_actions;

SELECT COUNT(*)　　　　　⟹ 157 filas
FROM system_privilege_map;

Recursos del sistema

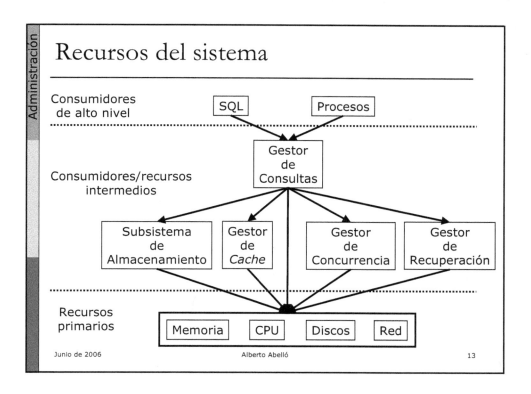

Consumidores de alto nivel

SQL Procesos

Gestor de Consultas

Consumidores/recursos intermedios

Subsistema de Almacenamiento | Gestor de *Cache* | Gestor de Concurrencia | Gestor de Recuperación

Recursos primarios

Memoria CPU Discos Red

Junio de 2006 — Alberto Abelló — 13

Preguntas a realizarse

1. ¿Se están resolviendo las peticiones de alto nivel de la forma más eficiente?

2. ¿Los subsistemas están utilizando los recursos primarios de forma eficiente?

3. ¿Los recursos primarios son suficientes y están configurados de forma adecuada a los requerimientos que tienen?

Junio de 2006 — Alberto Abelló — 14

Análisis de los recursos del sistema

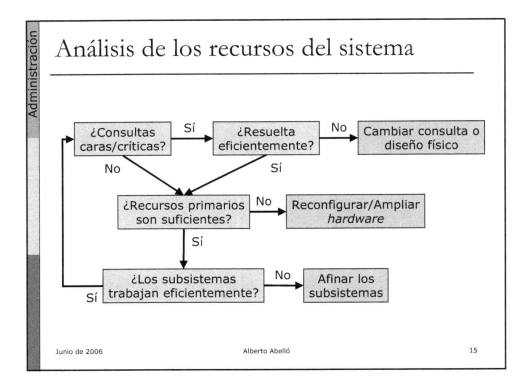

Monitores de rendimiento

- Elementos que deben monitorizarse:
  - Entrada/Salida
  - Carga de la CPU
  - Ocupación de ficheros de datos
  - Ocupación de nodos en los árboles
  - Utilización de *Rollback segments*
  - Degeneración de *hashing* y *clusters*
  - Conexiones de usuarios
  - Contención
- Consideraciones
  - Fuente de la información
    - SGBD
    - SO
  - Frecuencia de refresco
    - Fotográfica
    - Periódica
    - Al sobrepasar un umbral
  - Presentación (gráfica o textual)
  - Almacenamiento de información

Monitores de eventos

- Elementos que deben monitorizarse:
  - Ejecuciones de *backup*
  - *Checkpoints*
  - Arranques y paradas
  - Ejecución de una consulta crítica
    - Consume muchos recursos
      - Lee muchos datos
      - Necesita ordenaciones costosas
      - Bloquea toda una tabla
    - Frecuente
    - Tiempo de respuesta acotado
- Utilidad:
  - Situaciones extraordinarias
  - Poca sobrecarga para el sistema
  - Permite tomar fotos en los momentos interesantes

Qué mirar de una consulta

- Tiempo de ejecución *vs* Tiempo de CPU
- Accesos lógicos a disco
- Accesos físicos a disco
- Número de bloqueos generados
- Número de *deadlocks/timeouts*
- Tiempo en las colas de espera de *locks*
- Número de ordenaciones
- Uso del área temporal

Plan de acceso en Oracle (I)

```
EXPLAIN PLAN
[SET STATEMENT_ID='<identificador>']
[INTO <tabla>]
FOR <sentencia>;
```

Plan de acceso en Oracle (II)

- STATEMENT_ID: VARCHAR2(30)
- ID: NUMERIC
- TIMESTAMP: DATE
- OPERATION: VARCHAR2(30)
- OBJECT_NAME: VARCHAR2(30)
- CARDINALITY: NUMERIC
- BYTES: NUMERIC
- CPU_COST: NUMERIC
- IO_COST: NUMERIC
- COST: NUMERIC
- TEMP_SPACE: NUMERIC

Plan de acceso en Oracle (III)

- AND-EQUAL (mono-columna)
- BITMAP
  - CONVERSION
    - TO RowIDs
    - FROM RowIDs
    - COUNT
  - MINUS
  - OR
- CONCATENATION (con repetidos)
- COUNT
- FILTER
- HASH JOIN
- INDEX
  - UNIQUE SCAN
  - RANGE SCAN
- INTERSECTION (multi-columna)
- MERGE JOIN
  - OUTER

- MINUS
- NESTED LOOPS
  - OUTER
- SORT
  - AGGREGATE
  - UNIQUE
  - GROUP BY
  - JOIN
  - ORDER BY
- TABLE ACCESS
  - FULL
  - CLUSTER
  - HASH
  - BY RowID RANGE
- UNION (sin repetidos)
- VIEW

Ejemplo de plan de acceso

```
CREATE TABLE departaments (        codi INTEGER PRIMARY KEY);
CREATE TABLE empleats (            codi INTEGER PRIMARY KEY,
                                   dpt INTEGER REFERENCES departaments,
                                   nom CHAR(256));

EXPLAIN PLAN FOR
    SELECT *
    FROM empleats e, departaments d
    WHERE e.dpt=d.codi AND d.codi>1;

SELECT plan_table_output FROM table(dbms_xplan.display('plan_table',null,'serial'));
```

```
PLAN_TABLE_OUTPUT
---------------------------------------------------------------------
| Id | Operation          | Name        | Rows  | Bytes | Cost |
---------------------------------------------------------------------
|  0 | SELECT STATEMENT   |             | 45364 |   11M|  765 |
|  1 |  NESTED LOOPS      |             | 45364 |   11M|  765 |
|* 2 |   INDEX RANGE SCAN | SYS_C001836 |     2 |     4 |    1 |
|* 3 |   TABLE ACCESS FULL| EMPLEATS    | 22682 | 5803K|  382 |
---------------------------------------------------------------------

Predicate Information (identified by operation id):
   2 - access("D"."CODI">1)
   3 - filter("E"."DPT"="D"."CODI" AND "E"."DPT">1)
```

Qué es importante en el plan de acceso

□ Caminos de acceso a cada tabla

□ Algoritmos usados en las operaciones

□ Resultados intermedios

□ Ordenaciones

□ Orden de las operaciones

Estadísticas en Oracle

ANALYZE [TABLE|INDEX|CLUSTER] <nombre>
   [COMPUTE|ESTIMATE] STATISTICS;

ANALYZE TABLE departaments COMPUTE STATISTICS;
ANALYZE TABLE empleats COMPUTE STATISTICS;

Explosión combinatoria de los índices

- Escoger la mejor combinación de índices a definir es computacionalmente complejo
  - En una tabla con n atributos podemos definir $n!/(n-c)!$ índices diferentes de hasta c atributos

- Cuanto menor sea la tabla, menos útil nos será el índice
  - Proporcionalmente ocupará mucho espacio
  - Generará aproximadamente el mismo número de accesos

Mejora de la carga de trabajo del sistema

- Entrada
  - Espacio disponible
  - Carga de trabajo
    - Lista de consultas (con sus respectivas frecuencias)
    - Lista de modificaciones (con sus respectivas frecuencias)
  - Objetivos de rendimiento
    - Total
    - Por consulta
- Salida
  - Conjunto de estructuras necesarias
    - Árbol
    - *Hash*
    - *Cluster*
    - Estructura *cluster*
  - Normalizaciones/Desnormalizaciones
  - Particionamiento
    - Vertical
    - Horizontal
  - Materialización de vistas
- Consideraciones
  - Un índice nunca debería empeorar una consulta
  - Un índice puede empeorar o mejorar una modificación

Algoritmo voraz para la selección de índices

1. Hacer
   a. Ordenar los índices candidatos según su utilidad
      □ I es útil, si resuelve una consulta:
         - Frecuente
         - Muy costosa
         - Con tiempo de ejecución acotado
      □ I no es útil, si la consulta que resuelve puede resolverse fácilmente con otro índice más útil
   b. Crear el primer índice candidato
   Mientras haya espacio y tiempo para crear/mantener índices

□ Modificar el conjunto de índices conforme evolucionen las necesidades de los usuarios

---

Utilidad de un índice

Consulta crítica

SELECT nombre, edad, sueldo
FROM personas
WHERE departamento ='LSI' AND edad>40;

B+ sobre departamento y edad

Hash sobre edad

Ejemplo de selección de índices (I)

- D = 1 seg; C = 0 seg
- Información de tablas:
  - $B_{Autores}$=5.000
  - $R_{Autores}$=4
  - B_{Libros}=10.000
  - R_{Libros}=10
- Información de atributos:
  - Ndist(tema)=100
  - Ndist(autor)=20.000
  - Ndist(nombre)=20.000
- Estructuras disponibles:
  - Árbol, de orden 75
  - *Cluster*
  - *Hash*, con tiempo de ejecución 0 para la función de dispersión
  - Estructura *cluster*
- Algoritmos de join:
  - *Hash Join*
  - *Sort-Match*
  - *Scan* de estructura *cluster*
- Páginas de memoria
  - *Hash Join*: 102
  - Ordenación: 101
- La frecuencia de las consultas es:
  - Q1 (60%): SELECT * FROM libros WHERE tema=X;
  - Q2 (30%): SELECT * FROM autores WHERE nombre=Y;
  - Q3 (10%): SELECT * FROM libros l, autores a WHERE l.autor=a.nombre;
- Tenemos 22.000 bloques de disco disponibles

Libros(<u>título, autor</u>, tema, …)
Autores(<u>nombre</u>, …)

Ejemplo de selección de índices (II)

Costes si no tengo ningún índice:
- Tiempo: 11.250 (10.000·60%+ 2.500·30%+ 45.000·10%) seg/consulta
- Espacio: 15.000 bloques

Q1: SELECT * FROM libros WHERE tema=X;
Q2: SELECT * FROM autores WHERE nombre=Y;
Q3: SELECT * FROM libros l, autores a WHERE l.autor=a.nombre;

	Espacio	Q1 (60%)	Q2 (30%)	Q3 (10%)			Total
				HJ	SM	Scan	
Libros	1011	1012	2500	45000	75000		5857
	6011	153	2500	50000	80000		5842
	6011	15000	2500	50000	40000		13750
Autores	203	10000	3	45000	75000		10501
	2703	10000	3	47500	57500		10751
	168	10000	2	45000	75000		10501
Ambas	7500	22500	11250		22500		18125

Ejemplo de selección de índices (III)

Costes si tengo un *Cluster* por libros.tema:
- Tiempo: 5.842 seg/consulta
- Espacio: 21.011 bloques

Q1: SELECT * FROM libros WHERE tema=X;
Q2: SELECT * FROM autores WHERE nombre=Y;
Q3: SELECT * FROM libros I, autores a WHERE I.autor=a.nombre;

	Espacio	Q1 (60%)	Q2 (30%)	Q3 (10%)		
				HJ	MS	Total
Autores		203	153	3	50000	80000	5093
		2799	153	0	42500	62500	4949
		168	153	2	50000	80000	5092

Costes si tengo un *Cluster* por libros.tema y *Hash* por autores.nombre:
- Tiempo: 5.092 seg/consulta
- Espacio: 21.179 bloques

Reglas para mejorar la carga de trabajo

1. No escoger un índice que no mejore alguna consulta
   - Si mejora más de una, mejor
   - No olvidar las modificaciones
2. Fijarse en la condición
   - Una igualdad sugiere *Hash*, pero no descarta B+
   - Un rango (o muchos repetidos) sugiere B+ y descarta *Hash*
3. Considerar índices multiatributo
   - Útil si la consulta impone condiciones sobre varios atributos de la misma relación
   - Útil si permite la respuesta a consultas sin acceder a la tabla
   - Tener en cuenta el orden
4. Considerar *Cluster*
   - Sólo podemos definir uno por relación
   - Consultas por rango (o con repetidos) son claras candidatas
   - Si el árbol asociado permite resolver la consulta sin acceder a la tabla, el cluster es inútil
5. Escoger entre *Hash* y B+
   - Mejor *Hash*, si se va a usar para *Index Join*
   - Mejor *Hash*, si hay una consulta por igualdad muy importante y ninguna por rango
   - Mejor B+, si hay problemas de dispersión (Ej: muchos valores repetidos)
6. Sospesar el mantenimiento de los índices
   - Si se empeora una modificación muy frecuente, no poner índice
   - Un índice podría también mejorar el tiempo de una modificación

Diapositiva resumen

- ☐ Funciones del administrador
- ☐ Principios de la administración
- ☐ Catálogo
- ☐ Auditoría
- ☐ Análisis de los recursos del sistema
- ☐ Monitores
- ☐ Plan de acceso
- ☐ Selección de índices según carga de trabajo

Bibliografía

- ☐ D. Shasha y P. Bonnet. *Database Tuning*. Elsevier, 2003.
- ☐ R. Ramakrishnan y J. Gehrke. *Database Management Systems*. McGraw-Hill, 3ª edición, 2003.

Transacciones

Objetivos

- Recordar las propiedades ACID
- Entender algunos indicadores de rendimiento de las Tx
- Conocer algunas técnicas de *tuning* de concurrencia
- Entender el problema de la recuperación
- Distinguir restauración de reconstrucción
- Conocer algunas técnicas de *tuning* de recuperación
- Diseñar transacciones

Propiedades ACID

- *Atomicity*
- *Consistency*
➡ *Isolation*
- *Definitivity*

Objetivo

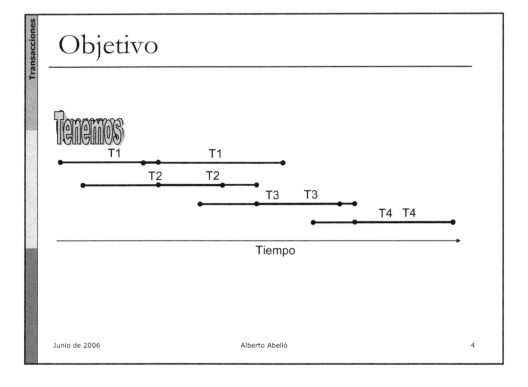

Niveles de aislamiento

□ READ UNCOMMITTED (evita actualización perdida)
- Bloqueos X para W (liberados al final de Tx)
- Sin bloqueos para R

□ READ COMMITTED (evita lectura inconsistente)
- Bloqueos S para R (liberados tan pronto acabe la lectura)

□ REPEATABLE READ (evita lectura no repetible)
- Protocolo de reserva en dos fases *(Two phase locking)* estricto

□ SERIALIZABLE (evita fantasmas)
- Bloqueo de tabla/índice

	S	X
Shared	OK	NO
e**X**clusive	NO	NO

Junio de 2006　　　　　　　　　Alberto Abelló　　　　　　　　　5

Rendimiento según aislamiento en DB2

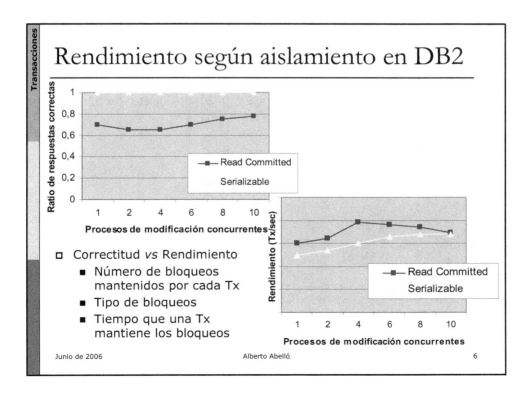

□ Correctitud *vs* Rendimiento
- Número de bloqueos mantenidos por cada Tx
- Tipo de bloqueos
- Tiempo que una Tx mantiene los bloqueos

Junio de 2006　　　　　　　　　Alberto Abelló　　　　　　　　　6

Tuning

- Relajar los requerimientos de aislamiento si la aplicación lo permite
- Utilizar los mecanismos del sistema para lecturas largas
- Eliminar los bloqueos cuando sean **in**necesarios (2 casos)
- Plantearse el particionamiento (especialmente para inserciones)
- Rodear los lugares muy frecuentados (*hot spots*)
  - Particionar
  - Accederlos tan tarde como sea posible
  - Utilizar los mecanismos específicos del SGBD (Ej: *surrogates*)
- Afinar el intervalo de *deadlock*
- Utilizar DDL durante los periodos de baja/nula actividad de usuarios
- Trocear Tx
- Seleccionar la granularidad apropiada de bloqueo

Granularidad del bloqueo

- Razones para NO escoger granularidad fina:
  1. Evitar bloquear Tx largas
  2. Evitar abrazos mortales
  3. Reducir sobrecarga por bloqueos
     a. Información de contención
     b. Información para deshacer cambios

- Reglas heurísticas:
  - Bloquear tablas para Tx largas
  - Bloquear filas para Tx cortas

```
LOCK TABLE <name> IN [SHARE|EXCLUSIVE]
    MODE [NOWAIT];
```

Propiedades ACID

➡️ ❑ *Atomicity*

   ❑ *Consistency*

   ❑ *Isolation*

➡️ ❑ *Definitivity*

Atomicidad y Definitividad

❑ Cada Tx o bien hace COMMIT o ROLLBACK

❑ Incluso en caso de fallos:
- Efectos de Tx confirmadas son permanentes
- Efectos de Tx abortadas no dejan rastro

Razones para necesitar recuperación

- El usuario cancela
- Detectamos un abrazo mortal
- Fallo del *software* (o virus)
- Fallo del *hardware*
- Factores externos (terremoto, incendio, etc.)

Arquitectura del gestor de transacciones

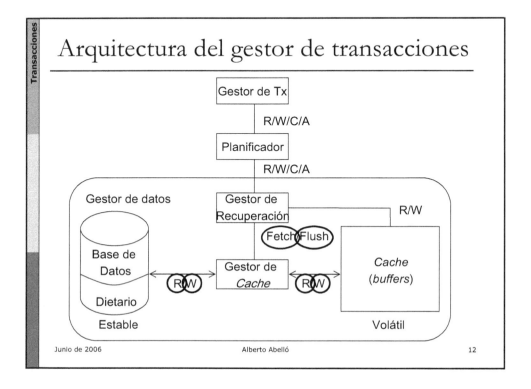

Restauración *vs* Reconstrucción

◻ Restauración: *Undo/Redo*
　　(*Atomicity*)

◻ Reconstrucción: Fallo en un dispositivo
　　(*Definitivity*)

Tipos de anotaciones en el dietario (*log*)

◻ BEGIN TRANSACTION
◻ Operación
- Tipo de operación
- ID del objeto afectado
- Valores viejo y nuevo
- Puntero a la operación previa de la Tx
  - ◻ Sirve para deshacer (*Undo*)
- Puntero a la operación siguiente de la Tx
  - ◻ Sirve para rehacer (*Redo*)

◻ COMMIT/ROLLBACK
◻ *Checkpoint*

Checkpoint

□ Algoritmo:

1. Dejar de admitir Tx nuevas
2. Esperar que acaben las ya empezadas
3. *Flush* de todos los *buffers*

□ Permite descartar entradas previas en el dietario en caso de fallo de la memoria

□ Automático y periódico

Reglas del dietario

□ Las Tx escriben en los *buffers* (no en disco)

□ En algún momento, las páginas modificadas (*dirty*) se escriben a disco

- En un *checkpoint*
- A intervalos regulares
- Cuando el número de *dirty pages* es mayor que un parámetro
- Cuando el dietario está lleno
- En un backup

□ *Write-Ahead Log protocol*

- El dietario se escribe antes que la BD

□ El fichero del dietario es cíclico

Pasos de reconstrucción

Estado actual de la BD = *backup* + dietario

1. Arreglar el Hw estropeado
2. Encontrar el *backup* previo al accidente
3. Cargar la BD con el *backup*
4. Rehacer (basado en el dietario) todos los cambios desde la fecha del *backup*

Consideraciones a la reconstrucción

□ Permite descartar entradas previas del dietario
□ Si no tenemos *backup*, perderemos datos
□ Un fallo en el dietario implicará la perdida de datos aunque tengamos *backup*
□ Se puede utilizar para la toma de decisiones
□ Genera dos problemas:
   ■ Incrementa el tiempo de respuesta mientras lo hacemos
   ■ Requiere espacio
□ Raramente se hace más de una o dos veces al día

Tuning de la recuperación

- ☐ Poner el dietario en un disco dedicado (2 razones)
- ☐ Retardar los *flush*
- ☐ Sopesar tiempo de recuperación *vs* Rendimiento libre de fallos
  - *Checkpoint* requiere tiempo
  - *Backup* requiere espacio y tiempo
- ☐ Reducir el tamaño de las Tx largas que no hagan sólo lecturas

Trocear la transacción

☐ Problemas
- Control de concurrencia
  - ☐ Otras esperan demasiado
  - ☐ Ella probablemente tendrá que esperar
- Recuperación
  - ☐ Tarda demasiado en recuperarse
  - ☐ Es más probable que un *checkpoint* o caída la encuentre a medias

☐ Solución
- Depende del conjunto de Tx concurrentes
  - ☐ ¿Podrían otras hacerla inconsistente?
  - ☐ ¿Podría ella hacer que otras quedaran inconsistentes?
  - ☐ ¿Importa?

Savepoints

SAVEPOINT <nombre>;

ROLLBACK TO SAVEPOINT <nombre>;

RELEASE SAVEPOINT <nombre>;

- ❑ Sirve para hacer tentativas de ejecución en transacciones muy largas
- ❑ Tras hacer un *rollback* hasta un *savepoint*, se borran todos los *savepoints* posteriores incluido el utilizado en el *rollback*
- ❑ Ventajas frente a una serie de Tx:
  - ▪ Podemos deshacer varios *savepoints* de golpe
  - ▪ Evitamos la sobrecarga de múltiples Tx
  - ▪ No libera los bloqueos (puede ser una desventaja)

Junio de 2006   Alberto Abelló   21

Transacciones encadenadas

COMMIT AND CHAIN;

ROLLBACK AND CHAIN;

- ❑ Encadena transacciones
- ❑ Conserva los modos de la transacción
- ❑ Ventajas frente a una serie de Tx:
  - ▪ Evitamos la sobrecarga de liberar los recursos de una Tx para volver a pedirlos inmediatamente

Junio de 2006   Alberto Abelló   22

Asunciones en el diseño de Tx

- Conocemos todas las Tx que se están ejecutando
- Queremos garantizar REPEATABLE READ (no SERIALIZABLE)
- Sabemos en qué momento de una transacción se podría ejecutar un ROLLBACK
- En caso de caída del sistema, podemos saber qué Tx acabaron antes y cuáles no
- Alguien garantiza la consistencia de los valores de la aplicación

---

Diseño de transacciones (I)

- Una Tx troceada decimos que está libre de *rollbacks* si nunca hace ninguno, o todos los que puede hacer están en su primer trozo
- Un diseño está libre de *rollbacks* si todas sus Tx lo están
- Grafo de Conflictos-Hermanos
  - Un nodo por trozo de Tx
  - Una arista tipo H entre los trozos de la misma Tx
  - Una arista tipo C entre los trozos de diferentes Tx que puedan entrar en conflicto (interferencia en potencia)
    - Pueden actuar sobre los mismos datos
    - Una de las dos escribe

Diseño de transacciones (II)

❑ Un diseño de transacciones es correcto si está libre de *rollbacks* y su grafo de Conflictos-Hermanos no contiene ningún ciclo con los dos tipos de aristas

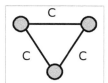 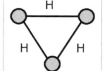 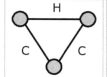

Ejemplo de diseño de Tx (I)

❑ T1: $\overset{T111}{R(x)}\overset{T11}{\Big|}\overset{T112}{W(x)}\Big|\overset{T12}{R(y)\ W(y)}$

❑ T2: R(x) W(x)

❑ T3: R(y) W(y)

Ejemplo de diseño de Tx (II)

- T1: $\overset{T111}{R(x)}\overset{T11}{|}\overset{T112}{W(x)}|\overset{T12}{R(y)\ W(y)}$
- T2: R(x)
- T3: R(y) W(y)

Puntualizaciones

- Poder trocear una Tx, o no, no depende de ella sino de las demás

- Una vez que aparece un ciclo, seguir troceando una Tx no lo deshará

- El troceado de una transacción no afecta al troceado de las demás
  - Podemos buscar la mejor manera de trocear cada transacción individualmente

Algoritmo de troceado de una Tx

1. Poner en el primer trozo todas las escrituras que deban deshacerse en caso de cancelación
2. Crear un trozo para cada acceso que no deba estar en el primer trozo
3. Generar el grafo sólo con esta Tx troceada y únicamente las aristas tipo C
4. Fusionar los trozos que estén en la misma componente conexa
5. Comprobar las precedencias entre los trozos resultantes y fusionar los que sea necesario

---

Ejemplo de troceado de una Tx (I)

□ T1: R(x) W(x) | R(y) W(y) R(z) W(z) R(t)
T_{11}　T_{12}　T_{13}　T_{14}　T_{15}　T_{16}

□ T2: R(x) R(t) W(t)

□ T3: R(y) R(z)

1. Poner en el primer trozo todas las escrituras que deban deshacerse en caso de cancelación
2. Crear un trozo para cada acceso que no deba estar en el primer trozo
3. Generar el grafo sólo con esta Tx troceada y únicamente las aristas tipo C
4. Fusionar los trozos que estén en la misma componente conexa
5. Comprobar las precedencias entre los trozos resultantes y fusionar los que sea necesario

Ejemplo de troceado de una Tx (II)

- T1: $R(x)$ $\overset{T11}{W(x)}$ | $\overset{T12}{R(y)}$ $\overset{T13}{W(y)}$ $\overset{T14}{R(z)}$ $\overset{T15}{W(z)}$ $\overset{T16}{R(t)}$
- T2: $R(x)$ $R(t)$ $W(t)$ $R(v)$ $W(v)$
- T3: $R(y)$ $R(z)$ $R(v)$ $W(v)$

1. Poner en el primer trozo todas las escrituras que deban deshacerse en caso de cancelación
2. Crear un trozo para cada acceso que no deba estar en el primer trozo
3. Generar el grafo solo con esta Tx troceada y únicamente las aristas tipo C
4. Fusionar los trozos que estén en la misma componente conexa
5. Comprobar las precedencias entre los trozos resultantes y fusionar los que sea necesario

Junio de 2006　　　　　　　　　Alberto Abelló　　　　　　　　　31

Diapositiva resumen

- Propiedades ACID
  - Aislamiento
    - Granularidad del bloqueo
  - Atomicidad y Definitividad
    - Restauración *vs* Reconstrucción
- *Checkpoint*
- *Savepoints*
- Algoritmo de troceado de una Tx

Junio de 2006　　　　　　　　　Alberto Abelló　　　　　　　　　32

Bibliografía

☐ J. Sistac. *Sistemes de Gestió de Bases de Dades*. Editorial UOC, 2002.

☐ D. Shasha y P. Bonnet. *Database Tuning*. Elsevier, 2003.

☐ R. Ramakrishnan y J. Gehrke. *Database Management Systems*. McGraw-Hill, 3ª edición, 2003.

☐ J. Melton y A. Simon. *SQL 1999*. Morgan Kaufmann, 2002.

Seguridad

Objetivos

- Conocer las ideas más importantes de la LOPDP
- Distinguir los conceptos de identificación, autenticación y autorización
- Recordar las sentencias de autorización discrecional del estándar SQL
- Conocer las características del control de accesos basado en roles
- Conocer las sentencias de autorización para roles del estándar SQL

Ámbito

□ Confidencialidad (descubrimiento inapropiado)

□ Integridad (modificación inapropiada)

□ Disponibilidad (denegación inapropiada)

LOPDP

□ Uso de los datos
□ Derecho a la información de recogida
□ Consentimiento <u>inequívoco</u> del afectado
□ Deber de secreto
□ Comunicación de datos
□ Acceso por parte de terceras personas
□ Agencia de protección de datos
□ Datos especialmente protegidos. 3 niveles:
  ■ Básico (datos personales)
  ■ Medio (infracciones, evaluación de personalidad, datos bancarios, hacienda pública, etc.)
  ■ Alto (ideología, religión, raza, afiliación sindical, etc.)

Requerimientos por niveles

- ☐ Básico (datos personales)
    - ■ Reglamento de acceso, tratamiento y gestión
    - ■ Relación de usuarios (identificación y autenticación)
    - ■ Cambio periódico de contraseñas
    - ■ Acceso únicamente a lo necesario
    - ■ *Backup* semanal (como mínimo)
- ☐ Medio (infracciones, evaluación de personalidad, etc.)
    - ■ Auditoría cada dos años
    - ■ Límite de reintentos de acceso
    - ■ Control de acceso físico al local
    - ■ Registro de incidencias (restauración/reconstrucción)
    - ■ No se pueden realizar pruebas del sistema con datos reales
- ☐ Alto (ideología, religión, raza, etc.)
    - ■ Distribución cifrada de los datos
    - ■ Registro de accesos (usuario y datos accedidos) durante 2 años
    - ■ Copias de seguridad en diferentes lugares

Junio de 2006   Alberto Abelló   5

LOPDP

Les universitats també hauran de complir la llei de protecció de dades

UNIVERSITATS. El Departament d'Universitats, Recerca i Societat de la Informació ha demanat a les facultats catalanes que "adaptin l'activitat dels centres a la Llei orgànica de protecció de dades". Així mateix, el conseller Carles Solà reconeix que "hi ha una certa preocupació per com estan actuant alguns centres docents".

La petició de la Generalitat arriba després que l'advocat Santiago Montaner presentés una denuncia al departament de Dret Penal de la Universitat de Barcelona.

Denúncia a la UB

En concret, a la pàgina web del departament hi ha penjades "centenars" de sentències amb el nom i cognom de les persones implicades en una causa judicial, una pràctica que segons la llei "és completament il·legal".

Per aquest motiu, l'Agència Catalana de Protecció de Dades ha obert un expedient per la sentència que fa referència al cas del Chupinazo. Els internautes poden llegir, a més, del nom complet de tots els afectats, les indemnitzacions que s'han donat a les víctimes, les seqüeles que han patit, en alguns casos amputacions, i els trastorns psíquics.   M.H.G.

Metro, 24-2-05

Junio de 2006   Alberto Abelló   6

Mecanismos

□ Identificación y Autenticación

□ Control de acceso

□ Integridad y Consistencia

□ Auditoría

Mecanismos de autenticación

□ Cosas que sabe:
  ■ *Password*, Preguntas, Algoritmo
□ Cosas que tiene:
  ■ Llave, Tarjeta, *Chip-card*, Firma electrónica
□ Características físicas:
  ■ Huellas dactilares, Radiografías, Voz
□ Sistemas múltiples

□ Contador de intentos fallidos

Mecanismos de control de accesos

□ *Discretionary Access Control* (DAC)

□ *Mandatory Access Control* (MAC)

□ *Role Based Access Control* (RBAC)

Características del control de accesos

□ Centralizado (MAC)
□ Descentralizado

□ Individual (DAC)
□ Por niveles de seguridad (MAC)
□ Por grupos/categorías/perfiles (RBAC)
- De usuarios
- De objetos

Role Based Access Control (I)

- Regula el acceso de los usuarios a la información según las actividades que realizan en el sistema
- Un rol es el conjunto de acciones y responsabilidades asociadas a una actividad de trabajo particular
- Las autorizaciones se especifican por roles
- Los usuarios disponen de las autorizaciones del rol que adoptan

---

Role Based Access Control (II)

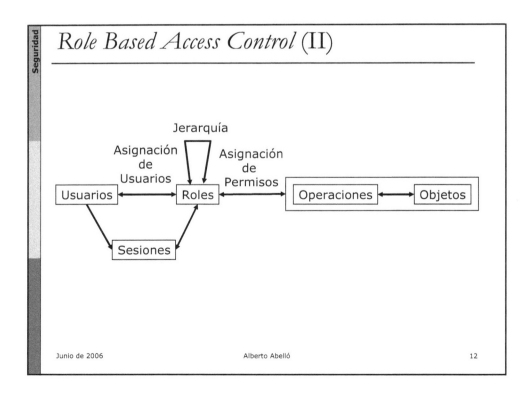

Sentencias de seguridad en SQL'99

GRANT <privilegios> ON <objetos> TO <usuarios> [WITH GRANT OPTION];

REVOKE [GRANT OPTION FOR] <privilegios> ON <objetos> FROM <usuarios> [RESTRICT|CASCADE];

CREATE ROLE <nombre>;

DROP ROLE <nombre>;

SET ROLE [<nombre>|NONE];

GRANT <rol> TO <usuarios|rol> [WITH ADMIN OPTION];

REVOKE [ADMIN OPTION FOR] <rol> FROM <usuarios> [RESTRICT|CASCADE];

Tipos de privilegio en SQL'99

- SELECT   (tablas y columnas)
- INSERT   (tablas y columnas)
- UPDATE   (tablas y columnas)
- DELETE   (tablas)
- REFERENCES   (tablas y columnas)
- USAGE   (tipos de datos)
- TRIGGER   (tablas)
- EXECUTE   (PSM)

- ALL PRIVILEGES

Jerarquías de roles

□ A un rol se le puede autorizar otro rol (la activación puede ser automática o no)

GRANT rol_A TO rol_B;

□ Se heredan los permisos (si a un usuario se le autoriza un rol, automáticamente se le autorizan todos los roles autorizados para el rol)

Todo usuario del rol_B tiene (automáticamente o no) los permisos del rol_A
Todos los usuarios de rol_B lo son también del rol_A

□ La herencia puede ser múltiple (la jerarquía no tiene por qué ser un árbol)

□ No se pueden crear ciclos

Ejemplo de jerarquía de roles

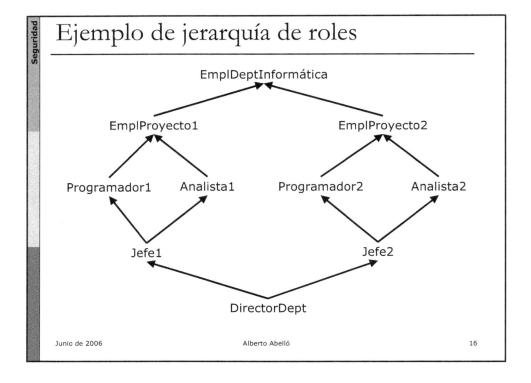

Ventajas de los roles

□ Facilitan el control y administración

□ Facilitan los cambios

□ Se pueden activar/desactivar dinámicamente

□ Están en el catálogo

□ Se pueden aplicar técnicas de autenticación

Separación de funciones

□ Son restricciones en la asignación de usuarios a roles

□ Pueden ser:
- Estáticas
  - □ Se indican los roles mutuamente excluyentes
    - Reducen el número de permisos potenciales para un usuario
- Dinámicas
  - □ Limitan los permisos que están disponibles para un usuario
    - Ej: Hacer un pago/Autorizar el pago
  - □ Se ponen restricciones en los roles que un usuario puede activar en una sesión

Autorización en M$ SQL Server

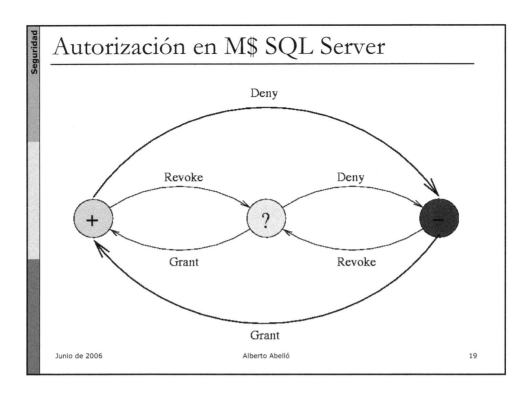

Diapositiva resumen

- ☐ LOPDP
- ☐ Mecanismos de autenticación
- ☐ Mecanismos de control de accesos
  - ■ *Role Based Access Control*
    - ☐ Jerarquías de roles
    - ☐ Separación de funciones

Bibliografía

- ❑ LOPDP, *BOE núm. 298 de 14 de diciembre 1999.*

- ❑ LPD, *DOGC núm. 3625 de 29 d'abril de 2002.*

- ❑ J. Melton y A. Simon. *SQL 1999.* Morgan Kaufmann, 2002.

Ficheros

y

parámetros del sistema

Objetivos

- ☐ Distinguir los tres espacios
  - ■ Lógico
  - ■ Virtual
  - ■ Físico
- ☐ Conocer los tipos de ficheros de un SGBD
- ☐ Conocer algunos parámetros del sistema y su importancia
- ☐ Seleccionar discos necesarios

Tres espacios (I)

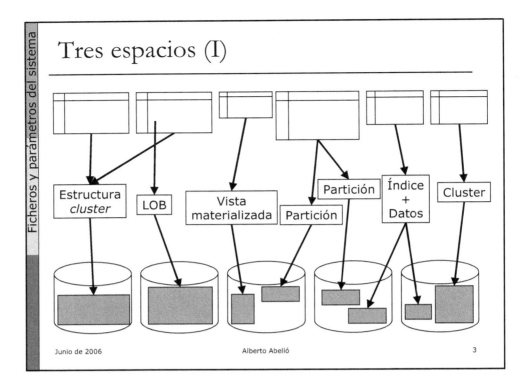

Alberto Abelló 3

Tres espacios (II)

- ◻ Espacio lógico
    - ▪ Tablas (relaciones), filas (tuplas) y Columnas (atributos)
- ◻ Espacio virtual
    - ▪ Espacios
    - ▪ Páginas, registros y campos
    - ▪ Índices
    - ▪ *Clusters*
    - ▪ Particiones
    - ▪ Vistas (materializadas o no)
- ◻ Espacio físico
    - ▪ Ficheros del SO
        - ◻ Extensiones

Alberto Abelló 4

Ficheros, extensiones, páginas y registros

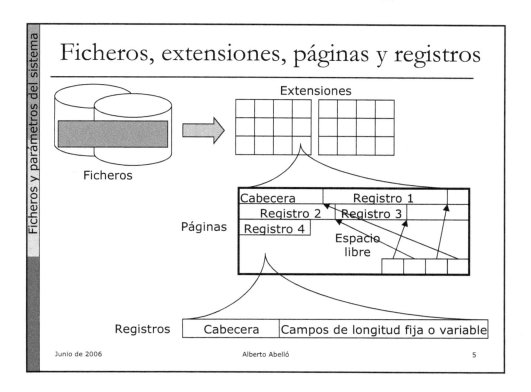

Extensiones

Ficheros

Páginas

Cabecera	Registro 1	
Registro 2	Registro 3	
Registro 4		
	Espacio libre	

Registros

| Cabecera | Campos de longitud fija o variable |

Extensiones

□ Asociadas a ficheros

□ Adquisición automática

□ Tamaño
  - Mucho mayor que el *I/O buffer* del SO
  - Múltiplo del *I/O buffer* del SO

□ <u>Espacio físicamente consecutivo</u>

Extensiones en Oracle

- Aplicable a:
  - Tablas y particiones
  - *Clusters*
  - Vistas materializadas
  - Índices
  - *Tablespaces*
  - *Rollback segments*
- Parámetros
  - INITIAL (tamaño de la primera extensión)
  - NEXT (tamaño de las siguientes extensiones)
  - MINEXTENTS (extensiones iniciales)
  - MAXEXTENTS (máximo número de extensiones)

Ficheros en Oracle (I)

- Datos
  - Cada BD puede tener varios
  - Permite que el tamaño de la BD sea ilimitado

- Auxiliares
  - Misma estructura que los ficheros de datos
  - Temporales
  - Usados en los nodos intermedios del árbol de proceso

- *Rollback segments*
  - Contienen la información para hacer ROLLBACK
  - Si se llena, no se pueden hacer más modificaciones en la transacción
  - Se pueden asignar explícitamente

Ficheros en Oracle (II)

- *Logs*
  - En línea (dietario)
  - Archivados (*backup*)
- Auditoría
  - Tabla SYS.FGA_LOG$
- Control
  - Uno por base de datos
  - No modificable por el usuario, sino mediante ALTER DATABASE
  - Contenidos:
    - Nombre y fecha de creación de la BD
    - Nombres de los ficheros de datos asociados
    - Nombre del fichero del dietario
    - Información de *tablespace*
    - Número de secuencia del dietario
    - Nombre del fichero de *backup* e información de restauración
    - Información del *checkpoint* (cuál fue el último)
- Inicialización (parámetros del sistema)
  - Nombres
  - Máximos
  - Variables

Parámetros del sistema (I)

- Tamaño de las extensiones
  - Normalmente múltiplo del tamaño de una pista o cilindro
    - Dietarios y tablas históricas -> extensiones grandes
    - Tablas con acceso no secuencial -> extensiones pequeñas
- Tamaño de las páginas de datos
  - Potencias de 2 entre 2k-32k
- Factor de uso de las páginas (PCTFREE)
  - Cuándo se considera que una página está llena
  - Factores altos:
    - Favorecen la lectura secuencial
    - Perjudican las inserciones en un Cluster y las modificaciones al alza de registros de longitud variable
- Número de páginas de *prefetch*
  - Valor alto
    - Favorece la lectura secuencial
  - El valor debería ser cercano al tamaño de una pista

Parámetros del sistema (II)

□ Nombre del servidor
□ Ficheros de control
□ Máximo número de usuarios
□ Máximo de Tx por *rollback segment*
□ Tamaño del bloque
□ Tamaño de la *cache*
□ Tamaño del *buffer* del dietario
□ Tamaño del área de ordenación
□ Intervalo de *checkpoint*
□ Acceso de varios servidores a una BD

Tuning (afinación)

□ Definición: Es la actividad de hacer que una aplicación de bases de datos se ejecute más rápidamente
□ Personas involucradas:
 ■ Administrador
  □ Define los parámetros del sistema
   ▪ SGBD
   ▪ SO
   ▪ Hw
 ■ Diseñador
  □ Define sentencias DDL
 ■ Programador de aplicaciones
  □ Define sentencias DML

Redundant Array of Independent Disks

- Aportan
  - Rendimiento (*Data striping*)
    - *Stripe size = page size*
  - Confianza (Redundancia)

- Tipos
  - RAID 0 – *Striping* (ficheros temporales)
  - RAID 1 – *Mirroring* (dietario)
  - RAID 10 (1+0) – *Striped mirroring*
  - RAID 5 – *Rotated parity striping* (datos)

Número de discos necesarios

- Uno por cada dietario

- Uno por cada *rollback segment*

- Uno para índices secundarios

- Uno para el catálogo

- Uno o más para datos
  - Particionamiento de tablas

Diapositiva resumen

❑ Tres espacios

❑ Ficheros, extensiones, páginas, registros y campos

❑ Ficheros en Oracle

❑ Parámetros del sistema

❑ Número de discos necesarios

Bibliografía

❑ Jaume Sistac y otros. *Tècniques avaçades de bases de dades*. EDIUOC, 2000.

❑ D. Shasha y P. Bonnet. *Database Tuning*. Elsevier, 2003.

❑ R. Ramakrishnan y J. Gehrke. *Database Management Systems*. McGraw-Hill, 3ª edición, 2003.